TRANSPARENT
―――――――――――――――
Band 34

V&R

Ulrike S. litt an einer schweren Zwangsstörung. Durch eine Verhaltenstherapie hat sie das Leiden überwunden. Um ihre Angehörigen vor
zudringlichen Fragen zu schützen, veröffentlicht sie ihren Bericht nicht
unter ihrem richtigen Namen.

Dr. Gerhard Crombach ist Facharzt für Psychiatrie und Neurologie sowie
Psychotherapeut in Innsbruck.

Dr. Hans Reinecker ist Psychotherapeut und Professor für Psychologie
an der Universität Bamberg.

Ulrike S. / Gerhard Crombach
Hans Reinecker

Der Weg aus der Zwangserkrankung

Bericht einer Betroffenen für
ihre Leidensgefährten

Vandenhoeck & Ruprecht
Göttingen · Zürich

Die Deutsche Bibliothek – CIP-Einheitsaufnahme

Der Weg aus der Zwangserkrankung :
Bericht einer Betroffenen für ihre Leidensgefährten /
Ulrike S.; Gerhard Crombach; Hans Reinecker. –
Göttingen ; Zürich : Vandenhoeck und Ruprecht, 1996
(Transparent ; Bd. 34)
ISBN 3-525-01724-3
NE: S., Ulrike; Crombach, Gerhard; Reinecker, Hans; GT

Umschlaggestaltung: Rudolf Stöbener

Umschlagabbildung:
Hans Gottfried von Stockhausen, *Bergzeichen*,
1979, Überfangglas, Achat, Blei, 28 × 32 cm

Das Werk einschließlich aller seiner Teile ist urheberrechtlich
geschützt. Jede Verwertung außerhalb der engen Grenzen
des Urheberrechtsgesetzes ist ohne Zustimmung des
Verlages unzulässig und strafbar. Das gilt insbesondere für
Vervielfältigungen, Übersetzungen, Mikroverfilmungen und
die Einspeicherung und Verarbeitung in elektronischen Systemen.
© 1996 Vandenhoeck & Ruprecht, Göttingen
Printed in Germany
Schrift: Palatino
Satz: Text & Form, Pohle
Druck und Bindung: Hubert & Co., Göttingen

Gedruckt auf chlor- und säurefreiem Papier

Inhalt

Gerhard Crombach:
Wovon handelt dieses Buch? 7

Ulrike S.: Mein Bericht 15
Die Entwicklung meiner Zwangs-
erkrankung bis zum Beginn der Therapie 17
Die Familie leidet mit 23
Meine Wünsche an das Leben in der aller-
letzten Zeit vor der Therapie 28
Was ist Verhaltenstherapie? 30
Meine Tagebücher 35
Auf dem Stadtturm 40
Die Zwänge 41
Die Therapie 47
Die Übungen 50
Das Modellernen 53
Therapie / Kotherapie 61
Die Suche nach der neuen Identität 74
Gedankliche Hilfestellungen 75
Der Therapeut 82
Perspektiven 88
Gedanken zum Ausgang 91
Das Gräsererlebnis 98

Hans Reinecker: Zwänge und Hilfen 101

Literatur 118

Brief der
Dt. Gesellschaft Zwangserkrankungen 120

Gerhard Crombach
Wovon handelt dieses Buch?

– Von 27 Jahren Leiden an einer Zwangsstörung,
– von zwei Jahren anstrengender Therapie mit Höhen und Tiefen,
– von vier Jahren Zwangsfreiheit und
– von drei Jahren Hilfe für andere Zwangskranke.

Welches Ziel verfolgt es?

Es soll Zwangskranken und ihren Angehörigen Hoffnung geben, Mut machen zur Therapie, Mißverständnisse über Verhaltenstherapie ausräumen, Ängste vor einer Therapie abbauen und allen Zögernden vermitteln: die Mühe lohnt sich. In seinem Text zum Abschluß des Buches wendet sich Hans Reinecker speziell auch an Therapeuten und Therapeutinnen. Er hebt den Fall ins Allgemeine, zeigt auf, was sie daraus lernen können und gibt wichtige therapeutische Hinweise.

Es ist das Herzensanliegen meiner ehemaligen Patientin und jetzigen Kotherapeutin, das Büchlein könnte einem demoralisierten, verzagten und hilflosen Zwangspatienten in die Hände fallen – so wie sie selbst jahrelang immer wieder heimlich in den Regalen der Fachbuchhandlungen nach Aufklärung und Hoffnung stöberte ...

Ich komme dem Wunsch von Frau S. gern nach, diesen einleitenden Text zu schreiben. Da sie mich seit drei Jahren als vitale, gleichermaßen energische wie einfühlsame Kotherapeutin unterstützt, ist ihr Bild als ehemalige Patientin recht verblaßt.

Ich erinnere mich nur an eine verhärmte, depressive und erstarrte Frau, die da in mein Therapiezimmer kam, sorgsam bedacht, jeglichen überflüssigen Kontakt mit dem bequemen großen Ledersessel zu vermeiden: am äußersten Rand sitzend, ohne die Armlehnen zu berühren. An Zwangssymptomen notierte ich: »Kontaktvermeidung aller Ausscheidungen und Absonderungen von Fremden: Kot, Urin, Schweiß, Speichel, Haare, Sperma usw. Keine Infektionsangst. – Ein Hotelzimmer wäre ein Alptraum.«

An Hintergrundsproblemen steht am Beginn meiner Karteikarte: »Leeres Nest nach Auszug von zwei Kindern, beruflich unausgelastet; Zweifel am Therapieerfolg; massiver Tranquilizermißbrauch; starkes Sicherheitsstreben; Elternhaus: wenig Wärme, leistungsbezogen, prinzipienorientiert, wenig Selbstwert vermittelnd.«

Ihre Zweifel an den Aussichten einer Therapie waren nicht unbegründet: Kurze psychotherapeutische Kontakte ergaben keine Perspektive; die Aussagen in den Lehrbüchern, die sie zu Rate zog, waren pessimistisch; klassische antidepressive Medikamente vertrug sie nicht, und ein verhaltenstherapeutischer Kollege hatte ihr gleich in der ersten Stunde folgendes erklärt: »Im Laufe der Therapie werden wir eine Wäscherei aufsuchen, drei Stunden lang Schmutzwäsche sortieren, und dann werden sie ohne Händewaschen nach Hause gehen ...«. So etwas erschien Frau S. absolut unvorstellbar, und damit blieb es bei diesem Erstgespräch. Zu mir war sie letztendlich über Vermittlung eines Oberarztes der Psychiatrischen Universitätsklinik gekommen.

Welche Faktoren fand ich in der Therapie wirksam?

Beziehungsgestaltung

Wie ich anfangs notiert hatte, zeigte Frau S. ein starkes Bedürfnis nach Sicherheit und Anlehnung mit leichter Irritierbarkeit. Sie war durch kleinste Unsensibilitäten meinerseits und notwendige Grenzziehungen meiner Verfügbarkeit verunsichert. Es ist uns gelungen, eine sehr vertrauensvolle Beziehung aufzubauen, die auch ihre Krisen hatte. Mittlerweile sind auch kleinere Konflikte, was die Betreuung gemeinsamer Patienten betrifft, problemlos austragbar. Die Defizite elterlicher Erziehung waren selten ein ausdrückliches Thema der Therapie; eher wurde ich über zwei Jahre ein wichtiger Elternersatz, der Frau S. zu einem positiveren Selbstbild verhalf. (In ihren Therapieberichten titulierte sie mich lange mit »Mon Papa«.)

»Schmutz«-Konfrontation in Alltagssituationen

Diese wäre ohne ein sehr graduiertes Vorgehen auf dem Boden von Vertrauen nicht möglich gewesen. Der zunehmende Kontakt mit den gefürchteten menschlichen Ausscheidungen in meinem Beisein und das nachfolgende Unterlassen von überflüssigen Säuberungen und Kontrollen waren sicher das Kernstück der Behandlung. Ich denke, es gelingt meiner ehemaligen Zwangspatientin sehr gut, diese entscheidende »Technik« in ihrem Erleben als einen Beziehungs- und Begegnungsprozeß darzustellen. Da wurde für sie nicht einfach eine lebenseinschränkende Angst abtrainiert, sondern ihr existentielles Dasein, die Beziehung zu sich selbst (ihre

Identität), die Beziehung zu Mensch und Welt wurde revoltiert.

Hans Reinecker wird in seinem Text auf »Reizkonfrontation und Reaktionsverhinderung« als Schlüsselstrategie der Zwangsbehandlung ausführlich eingehen.

Medikamentöse Behandlung

Die zeitweise ausgeprägte Depression machte Pausen in der Konfrontationsbehandlung und eine Therapie mit Antidepressiva (vorwiegend Serotonin-Wiederaufnahme-Hemmer) notwendig. Die ursprüngliche Vermutung, daß die Depression – wie häufig der Fall – nur die Folge der völligen Lebenseinschränkung darstellt, hatte sich im Behandlungsverlauf nicht bestätigt. Das Auftreten leichter manischer Phasen machte deutlich, daß hier weitgehend unabhängig von der Zwangsstörung eine sogenannte bipolare affektive Störung vorlag, die schließlich durch Lithiumprophylaxe ebenfalls behoben werden konnte. Ich erwähne dies aus zwei wichtigen Gründen: Bestimmte Antidepressiva können bei der Zwangskrankheit zusätzlich zur Verhaltenstherapie hilfreich sein; die Zwangskranhheit ist häufig mit anderen Störungen vergesellschaftet. Diese Zusatzstörungen können eine Behandlung eventuell erschweren, verlängern, in ihrem Erfolg schmälern, ja bisweilen sogar verunmöglichen.

»Kontemplationen über den Bruder Schmutz«

Frau S. wird diese und ähnliche gedanklichen Übungen beispielhaft erwähnen. Für alle Zwangskranken gilt es, einen notwendigen Erkenntnisschritt zu mei-

stern: Sie müssen lernen, mit Unsicherheit, Ungewiß-
heit, Unvollkommenheit und Risiko zu leben, an die
Stelle des Zweifels mutiges Vertrauen zu setzen. Es geht
um »die angstfreie Erkenntnis, daß das gegenläufige
zwanghafte Sicherheitsstreben gerade das Lebendige im
Menschen tötet« (Hand 1990). Auf der Ebene des
Menschlichen gibt es nur Relatives und Wahrscheinli-
ches, nichts Absolutes. Die Welt ist nicht schwarz und
weiß, nicht gut und böse, nicht schmutzig und nicht sauber. Es gibt nichts völlig Abgrenzbares, alles steht mit
allem in Beziehung. Diese Einsicht kann systemtheore-
tisch, quantentheoretisch, buddhistisch oder nur durch
den »Hausverstand« begründet werden. Im Fall von
Frau S. war die Begründung eben christlich. Da diese
universale Gegebenheit gefühlsmäßig realisiert werden
muß (nicht nur im Kopf), sollte sie aus der Weltanschau-
ung der Patientin erwachsen. Ich möchte aber betonen,
daß es dabei meines Erachtens um eine Vertiefung der
unersetzbaren Handlungserfahrungen geht. Frau S. faß-
te dadurch Mut, sich noch weiter und noch radikaler auf
den allzu menschlichen Schmutz einzulassen. Warum
sollte sie sich so absolut von etwas abgrenzen, aus dem
wir alle bestehen: Atomen und Molekülen? Frau S. sieht
heute in dieser »Besinnung auf die Liebe zu Menschen
und Dingen«, dem »Annehmen alles zum Menschen
Gehörenden«, einen ganz wesentlichen Therapiefaktor.

Wiedergewinn von praktischen Alltagsfertigkeiten

Frau S. kannte das gesellschaftliche Leben nur mehr
aus dem Fernsehen. Wie man einen Straßenbahnfahr-
schein löst, wie man sich in einem Lokal verhält, das
freie Reden mit Fremden, das Zugfahren und vieles andere mußte sie nach zwei Jahrzehnten minimaler Au-

ßenkontakte erst wieder mit therapeutischer Hilfe lernen. Mit dieser Zielsetzung machte sie auch über Monate ein unentgeltliches Training als Bürohilfskraft an einem Universitätsinstitut. Man sollte bedenken, wie demütigend es war, als fast fünfzigjährige Mutter selbst wieder wie ein Kind das Selbstverständlichste anderen abschauen zu müssen!

Ein neuer Lebensinhalt

Ich habe bereits erwähnt, daß der Auszug von zwei der drei Kinder schon vor Therapiebeginn ein Vakuum an sinnvoller Lebenstätigkeit erzeugte; schließlich benötigte der verbliebene Sohn als Student ebenfalls keine große Betreuung mehr. Zwar stellte die Familie als »Hereinträger« von Schmutz ein Zwangsproblem dar; andererseits war sie aber auch das einzige Fenster zur Welt gewesen. Der Therapiefortschritt verschärfte das Problem insofern, als sich Frau S. nun zunehmend freier bewegen konnte, aber der Wegfall stundenlanger Reinigungs- und Kontrollrituale plötzlich leere Zeit schuf: was damit anfangen? Wir haben viel über neue Sinnperspektiven gesprochen. Schließlich entdeckte Frau S. ihr verschüttetes Zeichentalent und schuf seither Hunderte von Naturstudien. Sie belegte Kurse, um ihre diesbezügliche Technik zu verbessern. Das Zeichnen ist nunmehr ihr ständiger Lebensbegleiter. Sie fertigt auch humoristische Übungsanleitungen für Angst- und Zwangspatienten an. Als Kotherapeutin ist sie für mich eine unersetzbare Hilfe für alle Übungen außerhalb des Sprechzimmers geworden. Als ehemalige Leidensgenossin bringt sie sehr viel Einfühlung und Spürsinn mit und wird als solche von Patienten vielleicht mehr akzeptiert als ein »Professioneller«.

Der radikale Entschluß, allen Zwängen
kompromißlos den Kampf anzusagen

Die wenigsten Patienten werden völlig zwangsfrei;
Frau S. wurde es. Die meisten arrangieren sich mit leichten Restzwängen, die oft kaum stören. Was Frau S. so
besonders weit brachte, waren ihre große Angst, jemals
wieder so gefangen und lebensunfähig zu werden, und
überdies ein ausgeprägter Ehrgeiz, der – vielleicht ein
elterliches Erbe wie die Zwangsbereitschaft – gleichzeitig zu ihrer Überwindung beitrug.

Daran anknüpfend möchte ich Leserinnen und Leser anregen, die Entwicklung von Frau S. auch unter einem Blickwinkel zu sehen, den wir fachlich *Ressourcen-
aktivierung* nennen. Die Überwindung der tiefgreifen-
den Störung gelang wohl nur durch Nutzung der positi-
ven Seiten von Umfeld und Charakter der Patientin.
Dies waren:
- unterstützender Ehepartner
- relative Freiheit von ökonomischem Druck (Zeit
  für Therapie und Eigengestaltung des Lebens)
- gute Beziehungsfähigkeit (bei aller anfänglichen
  Verletzbarkeit: Bereitschaft zu Vertrauen, Offen-
  heit, keine Scheinselbständigkeit durch trotzige
  Verweigerung usw.)
- Natur-, Musik- und Menschenliebe
- echte Religiosität
- Kampfgeist gepaart mit der Fähigkeit zur »Demut« (Frau S. erläutert, was sie darunter versteht)
- Kreativität und künstlerisches Talent
- pädagogische Fähigkeiten (sie wollte Lehrerin
  werden).

Wenn Sie das als Patient oder Patientin lesen, werden sie vielleicht denken: So ein Rückhalt, solche Eigenschaften fehlen mir leider gänzlich; was für ein Glückspilz diese Frau S. ... – Aber auch Sie haben Ihre eigenen, möglicherweise verborgenen Stärken! Therapie besteht unter anderem darin, diese bewußt zu machen, zu fördern, und vor allem: zu ermutigen, sie auch einzusetzen!

Die Therapie erstreckte sich über zwei Jahre und dauerte 160 Stunden. Das ist für eine erfolgreiche Verhaltenstherapie, auch gemessen an meinen eigenen Standards bei Zwangspatienten, ungewöhnlich lang. Aber rascher ging es in diesem Fall nicht. Ich hoffe, das verstehen gelegentlich auch die Gutachter in der kassenärztlichen Versorgung. Gute Therapie muß nicht lange dauern, aber manchmal tut sie es. (Therapie, die nur lange dauert, ohne jedoch Fortschritte erkennen zu lassen, sollte allerdings beendet werden.)

Eine mögliche Gefahr sehe ich im Erfahrungsbericht von Frau S.: er könnte unrealistische Erwartungen wecken. Leider können wir auch als Verhaltenstherapeuten nicht allen Zwangskranken so weitgehend helfen – und das liegt meist nicht am Unwillen der Patienten oder der Unfähigkeit der Therapierenden. Es hat mit der oft komplexen biologischen, biographischen und lebenssituativen Verankerung der Zwangskrankheit zu tun. Wenn wir in vielen Fällen Patienten und Patientinnen auch nicht völlig heilen können – erleichtern können wir ihr Schicksal fast immer.

Ich wünsche diesem Buch seinen Weg zu den Betroffenen.

Ulrike S.
Mein Bericht

Ich habe dieses kleine Buch für meine ehemaligen Leidensgefährten geschrieben. Ich hatte während des Schreibens vor allem _den_ Gedanken im Kopf: Das Büchlein kann und soll kein Fachbuch sein. Ich schreibe es aus meiner ganz persönlichen Erfahrung von Erkrankung und Gesundung, aus all dem, was ich erlitten und erlebt habe. Das Buch soll ein Mittel der Verbindung zu jenen sein, die an Zwängen leiden; es soll helfen, Mut machen, vielleicht auch mit falschen Informationen aufräumen und – das ist mein größtes Anliegen – es soll Betroffenen mitteilen, daß es die Möglichkeit einer Hilfe gibt.

Ich bin die letzte Zeit vor meiner sehr geglückten Therapie nur noch weinend zu Hause gesessen, vollkommen ratlos und hoffnungslos, zutiefst deprimiert, weil meine beiden älteren Kinder aus dem Haus geflohen waren – als »Zwangsmutter« war ich für sie untragbar geworden. Ich war 27 Jahre zwangskrank und hatte keine Ahnung von der Möglichkeit einer Verhaltenstherapie. Ich hatte zwar spät davon gehört, aber aus falscher Information nicht den Mut zu einer Therapie.

Mein viel zu langer Leidensweg und meine ursprünglich falschen Vorstellungen von der Therapie drängen mich zum Schreiben.

Ich weiß, es braucht schon viel Entschlußkraft, sich auch nur zu einer Behandlung anzumelden. Man schiebt das vielleicht wirklich solange hinaus, bis man die Hoffnung auf eine Besserung aus eigener Kraft aufgegeben hat oder bis einem »das Wasser bis zum Halse steht«. Für viele mag bereits der Weg zum Therapeuten eine große Schwierigkeit sein. Nicht nur ich hatte Probleme, den Weg dorthin zu überwinden, im Wartezimmer zu sitzen, im Zimmer des Therapeuten Platz zu nehmen. Ich hatte das seinerzeit wegen meiner Berührungsängste nur mit einem schützenden Mantel und mit Handschuhen geschafft, und das im Monat Mai!

Welcher Art auch Ihre zwanghaften Probleme sein mögen, Sie haben wahrscheinlich Angst und Sorge, den alten, zwar schweren, aber doch bekannten Weg zu verlassen. Sie haben sich – oder besser: der Zwang hat Ihnen – eine Welt geschaffen, die trotz aller Beschwernisse und Leiden auch *Ihre* Welt ist. Der Zwangskranke, so sehr er leidet, hängt am »Althergebrachten« und fürchtet die Veränderung. Er glaubt, vielleicht könnte es »einfach so« wieder einmal besser werden. Mir hatte seinerzeit jemand vom Fach gesagt, es würde im Alter einmal besser werden. Auch daran hatte ich mich geklammert. Heute weiß ich, daß die Krankheit wohl bessere Abschnitte bringen kann, daß die Tendenz aber meist kontinuierlich fallend ist.

Lassen Sie es nicht darauf ankommen. Wenn Sie den Schritt zu einer Behandlung wagen, dann sind Sie nicht mehr allein. Die Zeit der geistigen Isolierung hat mit dem Beginn der Therapie ein Ende. Sie werden im Therapeuten oder in der Therapeutin einen Partner finden, der durch seine Berufserfahrung und sein Wissen Ihr »merkwürdiges« Denken und Verhalten kennt, versteht und sich einzufühlen versucht. Hier dürfen Sie sich ganz ohne Scham so geben und zeigen, wie Sie sind: zwangskrank, auf der Suche nach Hilfe.

___ Die Entwicklung meiner Zwangserkrankung bis zum Beginn der Therapie

Die Erkenntnis, an einer Zwangserkrankung zu leiden, hatte mich wie ein Faustschlag getroffen. Das war etwa zwei Jahre nach der massiven Verstärkung meiner Symptome zur Zeit des Berufseintritts. Da habe ich in irgendeinem Winkel einer Buchhandlung heimlich und verstohlen in einem Fachbuch gelesen. Bei der Beschreibung meiner Symptome ist es mir kalt über den Rücken gelaufen, denn jetzt wußte ich endlich, worunter ich litt – unter einer Zwangserkrankung. Jetzt hatte ich die Gewißheit, daß die Einengung meines Handelns, meine Ängste nicht nur vorübergehende Symptome waren, die wieder einmal vergehen würden, so schleichend, wie sie gekommen waren. Nein, ich litt unter einer wirklichen, womöglich schweren psychischen Erkrankung.

Gedanken drängten sich mir auf, deren ich mich nicht erwehren konnte, obwohl sie mir wesensfremd schienen. Ich fühlte mich zu Handlungen *gezwungen*, die von Unruhe, Anspannung oder sogar von Angst diktiert waren. Die Ausführung erleichterte mich kurzfristig, aber die Beruhigung war nie von Dauer. An guten Tagen schien mir das alles irgendwie verrückt; ich würde das Problem schon wieder in den Griff bekommen – glaubte ich. Aber war es wirklich verrückt? Ich hatte mir da Gesetze geschaffen, die *für mich* ihre Gültigkeit hatten, auch wenn alle Welt das Gegenteil behauptete und sich völlig anders verhielt.

Ich bin im Supermarkt gestanden und habe alle beneidet, die den Einkaufswagen ganz normal vor sich herschieben konnten, ohne riesige Angst vor dem Kontakt mit der Haltestange zu haben. Aber ich habe gewußt, daß dieses eigentlich ganz normale Verhalten der anderen für mich absolut nicht in Betracht kam. Würde ich mich wie die anderen verhalten, hätte ich als Folge eine unerträglich lange Kette von Reinigungsritualen zu ertragen.

Eigentlich konnte ich vor der Therapie das *Unsinnige* beziehungsweise *Sinnvolle* meines belastenden Denkens und Handelns im allgemeinen nur sehr diffus definieren. Ich habe es schon erwähnt: Je günstiger die Begleitumstände waren (= gute Stimmung, ein Erfolgserlebnis, Anerkennung durch andere), desto irrealer schienen mir die Befürchtungen. Jetzt noch habe ich gewisse Schwierigkeiten, meine damalige Zerrissenheit zu erklären.

Heute gehe ich von meinem Wissen aus, daß ich als Zwangskranke »absolute« Ansprüche hatte. Das heißt also: Wenn es etwas überhaupt nicht gibt (keinen Schmutz, kein Gift, keine Gefahr, keine Verantwortung für Leben, keine Schuld ...), dann brauche ich auch nichts zu befürchten. Also wünschte ich mir eine männerlose Welt, weil diese meiner Meinung nach weniger Hygienebewußtsein haben als die Frauen. So gab es wenigstens *weniger* Schmutz. Letzte Konsequenz wäre wohl eine Welt mit mir als einziger Bewohnerin gewesen. Ich stellte mir eine Welt ohne Geld vor, denn dann hätte ich ein Riesenproblem weniger. Wenn *nichts* von dem Stoff, der mir Angst machte, da war, dann war alles gut. Denn die Berührung und die damit verbundene Ausbreitung des »Schmutzes« bedeutete wohl eine Verdünnungsreihe (= er wird immer weniger), aber meine Zwangsängste lösten sich niemals bis zur Harmlosigkeit auf. Mit »einem Bißchen«, also mit Relativem, konnte ich nicht umgehen. Dazu fehlte mir die *Sicherheit*.

Starr und wenig lebendig bin ich durch diese Haltung im Laufe der Jahre geworden. Irgendwann kam mir dann das Gefühl für »sinnvoll« oder »unsinnig« vollkommen abhanden. Wahrscheinlich hängt das auch mit der Zwangsangst zusammen, die dem Hausverstand und der Vernunft keine Chance mehr läßt. Außerdem ist man dann schon so sehr ins »System« verstrickt, daß jede vernünftige diesbezügliche Überlegung unmöglich wird.

Ich habe schon erzählt, daß ich bereits als Jugendliche einen Hang zur Sauberkeit hatte. Aber da wußte ich noch die Grenze zu ziehen zwischen sinnvoll und unsinnig. Ich habe mich »nur« gerne frisch gefühlt. Doch die Ansprüche, die ich im Lauf der Jahre an Sauberkeit stellte, wurden subtiler, ausgefeilter, dann auch skurriler. Irgendwann schlich sich etwas wie ein Virus ein. Ich vermute, daß damals aus der Vorliebe schleichend eine krankhafte Haltung wurde. Ich sah, daß alle sich anders verhielten und mußte doch *für mich* eine gesonderte Haltung einnehmen.

Ich hatte meine eigenen Gesetze und Auflagen in diesem Leben bekommen. Einsichtig war ich insofern, als ich erkannte, daß diese Forderungen im Grunde genommen nur an mich gerichtet waren. Anderen konnte ich zusehen und ihr von mir verschiedenes Sauberkeits- und Kontrollverhalten für gut und erstrebenswert – ja beneidenswert – einstufen. Doch für mich kam das nicht in Frage! Ich habe mich auch zu rechtfertigen versucht und die anderen als unappetitlich, faul und nachlässig bezeichnet. Aber ich wäre selbst auch gerne einmal so unappetitlich, sorglos und nachlässig gewesen. Was hätte schon passieren können? Ach, wie hätte ich das genießen können ...

Daß ich mit kleinsten Mengen von Schmutz nicht zu Rande kam, also vollkommene Reinheit anstrebte, das war fatal. Denn: Wann ist ein Stoff nicht mehr teilbar,

19

nicht mehr verdünnbar? Wann hört er auf zu existieren? Im Zweifelsfall nie! Und der Zweifel war ja mein Begleiter. Im Zweifelsfall habe ich auch immer das Schlechtere angenommen, also die Verunreinigung, den Mangel an Kontrolle.

Diskussionen über »sinnvolle« oder »unsinnige« Befürchtungen hören irgendwann einmal von selbst auf. Dafür sorgt schon die Gewalt der Erkrankung.

Wie immer, wenn ich solch »knifflige« Probleme wälze, frage ich meine »Zwangskinder« in der Therapie. So habe ich es auch bei dieser Frage gehalten und die unterschiedlichst graduierten Antworten bekommen. Als vollkommen unsinnig hat keines von ihnen seine Zwangsbefürchtungen eingestuft!

Heute kann ich mir folgendes mit Seelenruhe vorstellen: Könnte schon sein, daß der »Schmutz« von meinen Händen auf die Haare – das Kopfkissen – in die Waschmaschine – auf die gesamte übrige Wäsche – auf die Wäscheleine – die Wäschekluppen – auf die Haare – auf das Kopfkissen gelangt. Der Gedanke ist eine Spielerei, mehr nicht. Die Wahrscheinlichkeit interessiert mich nicht mehr. Ich bin ja nicht von der Spurensicherung! (eine Hilfestellung vom Therapeuten, die bei allen Berührungszwängen bestens ankommt.) Aber damals – vor der Therapie – war diese meine Welt eine unerträgliche, schmerzliche Ab- und Ausgrenzung, eine Einsamkeit im Denken und im Handeln.

Ich bin vor dem Verlassen der Wohnung wieder und wieder zum Elektroherd zurückgegangen, diesen meinen Peiniger. Ich wußte doch, ich hatte gerade erst nachgeschaut, ob alles abgedreht sei, und jetzt stehe ich schon wieder vor diesen elenden fünf Knöpfen, starre sie an und zweifle: Sind sie abgedreht oder nicht? Je länger ich hinschaue, um so unsicherer und unkonzentrierter werde ich. Andere schaffen das mit einem Blick, und ich muß starren und »aus« dazu murmeln, das Ganze sechsmal. Warum sechsmal? Fünfmal nachschauen, das war die Anzahl unserer Familienmitglieder; einmal *dazu* – aus *Sicherheit*! Dabei wird mir angst, hoffentlich stört mich niemand, sonst dauert es noch länger. Ich schäme mich ja vor der eigenen Familie. Doch, meinen Mann könnte ich um Hilfe bitten, aber zunächst muß *ich* kontrolliert haben, sonst ist es nicht sicher genug; mein Mann könnte dann noch die letzte Verantwortung übernehmen.

Wie hatte all das nur geschehen können? Warum wird es immer schlimmer? Alles hatte doch relativ harmlos angefangen. Auch zwangsfreie Phasen hatte es in meinem Leben gegeben. Ich versuche, mich zurückzuerinnern. Schon in der Kindheit und frühen Jugend litt ich unter *Kontrollzwängen*. Ich war ein ängstliches Kind. So mußte ich am Abend wieder vom Bett aufstehen, um in der Küche die Gashähne nachzusehen. Ich erinnere mich, daß ich damals nicht die Sicherheit hatte, mich diesbezüglich auf meine Mutter verlassen zu können. Da war auch vor dem Schlafengehen die Angst, ein Bösewicht könnte unter dem Bett liegen. Ich habe die Fläche unter dem Bett kontrolliert, starr und zwanghaft, genau von einem Winkel zum anderen.

Etwa in den gleichen Lebensabschnitt fällt ein *Zählzwang*: Ich mußte bei der Benützung der Stiegen im Haus diese mitzählen. Zwanghaft war auch das Gehen auf der Straße. Ich durfte bestimmte Linien und Felder, gebildet von Pflastersteinen, nicht verlassen.

Ziemlich ausgeprägt war der *religiöse* Zwang. Wiederum mußte ich, obwohl ich schon so fein unter der Bettdecke lag, aufstehen, mich zum Gebet niederknien und ein Nachtgebet sprechen. War ich sehr, sehr müde, so genügte es, wenn ich im Bett liegen blieb, nur mit der Fußspitze den Boden berührte – also auf diese Weise Bodenkontakt hatte – und so mein Nachtgebet sprach. Der Zwang gestattet also manchmal auch eine gewisse Lässigkeit in der Ausführung, die Hauptsache ist, der Form ist genüge getan. Wie ich ja auch einen »Waschzwang« kenne, der sich damit begnügen kann, die Dinge nur mit Wassertupfern »abzusegnen«.

Da war noch ein weiterer religiöser, *moralischer Zwang*. Ich konnte mich nicht festlegen, ob ich die Wahrheit gesagt hatte oder nicht. Da war in unserem Stiegenhaus an der Wand ein langer schwarzer Strich; ich sehe ihn heute noch vor mir. Irgendein Kind aus dem Haus hatte diesen kleinen Streich begangen. Man machte sich auf die Suche nach dem »Täter«. Ich war es nicht gewesen – ich wußte ja gar nicht, womit dieser Strich gezogen worden war, wahrscheinlich mit Ölkreide oder dergleichen. »Ich habe es nicht getan, glaube ich«, war meine Antwort, als auch ich befragt wurde. Ich höre mich noch heute dieses »glaube ich« sagen, in dieser und in ähnlichen Situationen. Ich hatte nichts angestellt und wußte es. Aber wußte ich es ganz genau? Es war die Angst vor der Lüge und der *Zweifel* an der eigenen Aussage.

Im fortgeschrittenen Schulalter begann mich der *Lesezwang* zu bedrängen, wie das Lesen von Plakaten, Reklamen unterwegs in der Stadt, das Lesen von rückwärts nach vorne, das oft recht komplizierte Denken von Wörtern von hinten nach vorne. Diese frühen Zwänge stellten für mich wohl eine »Belästigung« dar, aber es waren vergleichsweise nur die harmlosen Anfänge. Ich verstehe heute nur nicht, warum ich mich nie jemandem mitgeteilt habe, warum ich zu Hause nie geklagt habe: »Mich plagt da etwas, das ich nicht verstehe. Ich muß es tun, ich würde gerne wieder davon loskommen!« Oder war mir gar nicht so recht bewußt, wie unnatürlich dieses »Mußverhalten« war? Doch, daran erinnere ich mich wohl: Da sich die Symptome immer wieder verschoben, sich änderten, habe ich gehofft, sie würden eines Tages ganz verschwinden. Jedenfalls hatte mich dieses Verhalten dazu veranlaßt, später dann meine eigenen Kinder ängstlich zu beäugen in der Befürchtung, auch an ihnen Zwangssymptome zu beobachten.

___ Die Familie leidet mit

Bald nach der Matura und einer Berufsausbildung als Apothekerin habe ich geheiratet. Meine Ehe ist heute, trotz der enormen Belastungen, denen sie durch meine Erkrankung ausgesetzt war, besser denn je. Daß sie nicht in Brüche gegangen war, liegt wohl an der enormen Geduld, der Liebe, der Religiosität und der Hoffnung auf Hilfe irgendwann einmal von seiten meines Mannes.

Erste Krisen stellten sich ein, als ich immer wieder meine Beherrschung verlor, wenn mein Mann sich nicht meinen Zwangsvorstellungen entsprechend verhielt; oder wenn es meinem Mann zu bunt wurde, sich meinen immer anspruchsvoller werdenden Vorschriften im Sinne des Zwangs zu beugen. Aber im großen und ganzen war das nicht das Hauptproblem. Bezüglich der Zwänge hatten wir uns einigermaßen arrangiert, so gut es eben ging. Die größte Belastung war für meinen Mann und später dann auch für die Kinder, daß ich mich im Lauf der Jahre sehr negativ verändert hatte – auch außerhalb der zwanghaften Situation. Ich war vollkommen überfordert, gereizt, frustriert, von Neid erfüllt auf alle, die nicht mit meinen Schwierigkeiten zu kämpfen hatten und ein relativ freies Leben führen konnten.

Ich erinnere mich an eine Begebenheit, die sich bereits im Verlauf der Therapie ereignet hatte: Ich schaue aus dem Fenster unserer Wohnung in den Garten. Dort scherzen meine Kinder, Nichten und Neffen auf nette, humorvolle Weise miteinander. Ab und zu werfe ich eine Bemerkung dazwischen, lache mit ihnen, vergesse also kurzfristig meine Sorgen, bin ganz gelöst und fröhlich. Dann trete ich vom Fenster zurück, und alles fällt mir wieder ein: die Zwänge, die Therapie, die Aussichten, wieder gesund zu werden, und ich denke mir: Wie kann nur ein kleines bißchen Schmutz *zuviel* ein ganzes Leben so verändern? Was ist das für eine schreckliche Krankheit, die einen nicht an das Wesentliche denken läßt, an deine gesunden Kinder da unten, die fröhlich sind? Immer nur das eine, Schmutz oder Sauberkeit. Ich könnte heute noch weinen bei dem Gedanken, was mir die Zwanghaftigkeit an Freude an der Familie versagt hat. Das ist nicht mehr aufzuholen.

Wie oft habe ich mit Schmerz zulassen müssen, daß andere mit meinen Kindern Dinge unternommen haben, die ich der Krankheit wegen nicht mehr zu tun imstande war. Den Ausflug in ein Schwimmbad, in den Zirkus, in ein Kino – das mußten Verwandte oder mein Mann für mich übernehmen. Ich durfte niemals dabei sein, blieb zu Hause und hatte mehr Zeit zum Waschen und Putzen. Wenn sie nach Hause kamen und von ihren Erlebnissen erzählten, hatte ich ein schlechtes Gewissen, weil ich nicht dabeigewesen war – und Sorge: Hoffentlich hatten sie nicht Kontakte, die mir Angst machen würden, hoffentlich erzählen sie nicht von Dingen, die mich in eine zwanghafte Beunruhigung versetzen könnten – mit den üblichen Reinigungsritualen.

Wie oft stand dieses zwanghafte Denken vor dem Wesentlichen, das das Heranwachsen von Kindern mit sich bringt: ihre Freunde, ihre Ferien, die Schule, die eigene Beziehung zum Kind – all das mußte sich hinter den Zwang reihen.

Bis zu meinem 20. Lebensjahr bin ich in meiner Lebensführung durch Zwänge kaum beeinträchtigt worden. Da war noch alles möglich: Reisen, Ausgehen, Tanzen, Geselligkeit, Sport, Berufsausbildung zur Apothekerin. Ich habe das Leben geliebt, die Freunde, die Bälle im Fasching, das späte Heimkommen, die Skitouren. An einen Hang zur Sauberkeit erinnere ich mich auch schon in dieser Zeit; ich habe das Badezimmer zu Hause manchmal so lange blockiert, bis den andern die Geduld ausging.

Beim Eintritt in das Berufsleben ist es dann zum explosionsartigen Ausbruch der Zwänge gekommen. Den Erfordernissen meines Berufs entsprechend waren es *Kontrollzwänge*, die mir die Arbeit äußerst erschwerten. Zum ersten Mal in meinem Leben mußte ich wirklich Verantwortung tragen, durfte nichts verwechseln, mußte sehr exakt arbeiten, kontrollieren. Verantwortung zu tragen ist etwas, das der Zwanghafte sehr schwer kann, hier wird Sicherheit verlangt, die dem Zwangskranken fehlt. Er wird stets vom Zweifel geplagt, Zweifel an den Wahrnehmungen, die er hat, Zweifel am Handeln und Denken.

Zweifelkrankheit wird die Zwangskrankheit auch genannt. Auch als *heimliche Krankheit* wird sie bezeichnet, weil der Erkrankte sich der Symptome schämt. Mit dieser heimlichen Krankheit mußte ich mich jetzt in meinem Beruf herumschlagen. Niemand durfte erfahren, was mich quälte, sonst stand mir die Kündigung bevor. Also habe ich verstohlen meine Kontrollen wiederholt, Rezepturen neu gemischt, weil ich glaubte, ich hätte etwas falsch gemacht. Dieses zwanghafte Wiederholen und angstbesetzte Arbeiten fiel natürlich auf, brauchte ich doch für meine Arbeit viel zuviel Zeit. Eine Kündigung wurde mir nahegelegt – diese Demütigung ist mir letztendlich doch nicht erspart geblieben. Eigentlich war ich erleichtert. Ich habe mir gedacht, ich würde ohnedies bald heiraten, ein Kind bekommen, dann wäre ich aus dem Berufsstreß heraus und wäre die Zwänge los.

Was für ein Irrtum – der Zwang läßt sich nicht austricksen, er findet immer einen Durchschlupf. Er hat mich dann auch wieder eingeholt, mit der gleich großen Wucht wie zuvor, und hat mit Beharrlichkeit mein Leben zerfressen, bis wirklich nichts mehr übrigblieb von dieser einst so lebensfrohen Frau voller Hoffnungen auf ein erfülltes Leben.

Diese zweite Zwangsattacke fiel in die Zeit der ersten Schwangerschaft. Verantwortung zu tragen wird jetzt verlangt – es fällt wieder so schwer. Der Zwang hatte mir die Freude am Beruf genommen, die zunächst durchaus da war. Jetzt will er mir die Freude am Kind nehmen: Ich sah das werdende Leben zahllosen Gefahren ausgesetzt, und nur ich konnte und mußte es davor bewahren. Die Nahrung, die ich einnahm, durfte nicht verschmutzt sein. Kamen mir nach einer Mahlzeit diesbezügliche Bedenken, so reizte ich mich zum Erbrechen, bis ich meinen Magen geleert zu haben glaubte.

Ich hatte *Angst vor Giften* in Beruf und Haushalt, alles aus Sorge um das Kind. Einmal zerbrach ich eine Glastür. Die vermeintlich überall lauernden Splitter, die ich zum Schaden des Kindes verschlucken könnte, verfolgten mich wochenlang. Ein *Ekel vor Ausgespucktem* auf der Straße wuchs sich zur Zwangsangst aus, massiv und dominierend. In der Folge ging es mit den Zwängen auf und ab. Der jeweilige Schwerpunkt verschob sich in mir unerklärlichen Zeitabständen, ließ mich hoffen und stürzte mich wieder ins Elend. Es folgten noch zwei weitere Kinder. In ihrer Pflege dominierten Schmutz-angst, Angst vor von mir verursachten Unfällen und Nachlässigkeiten, die mich zu unzähligen Vorsichts-maßnahmen veranlaßten. Die Last der Verantwortung war so groß.

Allmählich begann sich der *Waschzwang* meiner zu bemächtigen, anders kann ich das gar nicht ausdrücken. Die Macht des Zwangs ist ungeheuerlich. Was zwang-hafte Schmutzangst bewirken kann, das ahnt jeder er-fahrene Therapeut. Ich sage bewußt »ahnt«, denn zwi-schen dem, was ein Therapeut über diese Krankheit erfährt, und dem von mir vor der Therapie Erlebten lie-gen Welten. Dieses unvorstellbare Leid des schweren Zwangskranken, diese täglich sich wiederholende Kon-frontation mit seinem übergroßen Feind, dem Zwang, der Zwangsangst, der Depression, ich glaube nicht, daß dies für einen Außenstehenden auch nur annähernd ein-fühlbar ist.

Dies alles klingt für mich auch heute noch schreck-lich. Es ist unfaßbar, daß ich so ein Leben führen mußte. Deshalb ist es mir ein Bedürfnis, dies vorwegzunehmen: Ich habe das alles überwunden, ich habe meine Freude am Leben wiedergefunden, obwohl seit Beginn der ei-gentlichen Erkrankung mit 20 Jahren bis zum Beginn der Therapie 27 Jahre vergangen waren. Ich führe so ein er-fülltes Leben, wie ich es ohne Erkrankung und Therapie und meinem jetzigen Job als Kotherapeutin sicher nie hätte erleben dürfen. War das der Sinn der Erkrankung? Vielleicht.

Meine Wünsche an das Leben in der allerletzten Zeit vor der Therapie

– Ich möchte in einem ganz kleinen Raum leben, so klein, daß ich ihn leicht unter Kontrolle hätte. So könnte ich ihn zum Beispiel selbst ausmalen, weil ich doch solche Angst vor Handwerkern hatte. In diesem Raum würde ich nichts mehr zu tun haben, nur mehr aus dem Fenster sehen, die Natur im Wandel der Jahreszeiten beobachten und die Leute, die den Weg vor dem Fenster auf- und abgehen. Sonst nichts. Dann hätte ich keine Belastungen mehr, keine Verpflichtungen – keine Zwänge. Heute weiß ich, daß dies bezüglich der Zwangsstörung keine Lösung gewesen wäre – der Zwang hätte mich auf diesen zwei bis drei Quadratmetern auch eingeholt.

– Ich möchte in einen Orden eintreten. Da würde man mir vielleicht zwei Ordenstrachten zum Wechseln geben, dann hätte ich keine zwanghaften Bekleidungsprobleme mehr. Ich müßte mich nicht mehr entscheiden, was ich anzuziehen hätte, müßte mich nicht mehr damit abplagen, wann und wie ich etwas zu waschen hätte. Die Ordensregeln würden mich jeder Entscheidung entheben. Ich könnte mich ausschließlich am Verhalten der anderen Ordensschwestern orientieren. Keine Zweifel mehr, keine Unsicherheiten, nur noch das wohlige Geborgensein unter Gleichen (im Sinne des Zwangs). Keine Verantwortung und kein eigener Wille – damit auch kein Zwang.

– Ich möchte in einer Welt leben, in der es nur Frauen gibt, dann bräuchte ich den Schmutz von Männern nicht ertragen. Ich halte fest: Ich war niemals männnerfeindlich oder sexualfeindlich gesinnt, aber mein größeres Vertrauen zur Sauberkeit der Frau hatte in mir den

28

Wunsch geweckt, die Männer hätten in dieser meiner Zwangswelt nichts zu suchen.

– Könnte ich doch in einer Stadt wie Singapur leben, wo das Ausspucken auf der Straße unter strengster Strafe verboten ist!

– Ich möchte nie mehr einkaufen gehen müssen. Eine Zeitlang habe ich versucht, dem quälenden Lebensmitteleinkauf zu entgehen und liefern zu lassen. Ich denke, meine Wünsche an die Lieferfirma sind als recht sonderbar aufgefallen: Die Waren konnten nicht sorgfältig genug verpackt sein; den Lieferanten ließ ich niemals in die Wohnung herein, obwohl er mir die schweren Kartons doch gerne in die Küche getragen hätte; nie gab es ein Trinkgeld – ich wollte doch kein Geld anfassen. Bald war ich auch mit dieser Lösung nicht mehr zufrieden, war vor jeder Lieferung ängstlich und angespannt.

Das einzige, was ich noch regelmäßig tun wollte, ohne daß es zu den unbedingten Pflichten einer Hausfrau und Mutter gehörte, war der sonntägliche Gang zur Messe. Obwohl nur fünf Gehminuten entfernt, haben mein Mann und ich den Weg oft mit dem Auto zurückgelegt, um mir Kontakte zu sparen. Oder mein Mann und ich haben einen, von Spucke auf der Straße weniger verunreinigten Umweg auf uns genommen. Schwierig war der Platz in den Kirchenstühlen, es durfte niemand hinter mir sitzen, der mich durch Nießen oder Husten »beschmutzen« könnte. Lieber wollte ich irgendwo abseits stehen. Dabei hatte ich jedoch Angst, in der Kirche ohnmächtig zu werden. Wer würde mir Hilfe leisten – fremde (= »schmutzige«) Hände? Und der Kirchenboden! Schließlich hatte mein Mann den Vorschlag gemacht, den Besuch der Messe auch wegzulassen – da habe ich protestiert. Wenn das auch nicht mehr geht, dann ist das das Ende! Wo sollte ich mir dann noch Trost holen?

Mein Bewegungsradius wurde nicht nur bezüglich der Aktivitäten eingeengt, sondern auch in Distanzen. Eine Grippeerkrankung mit Kreislaufkollaps hatte zur Folge, daß ich Angst hatte, auf der Straße zusammenzufallen. Je weiter von zu Hause entfernt, um so mehr sorgte ich mich. Also setzte ich mir die Brücke über unseren Fluß als Grenze. Diese zu benützen, wäre zu weit von dem rettenden Zuhause gewesen. Damals habe ich mir nicht träumen lassen, daß ich es in meinem Leben noch einmal schaffen würde, diesen Fluß zu überqueren. Ich schreibe dies mit Vergnügen – ich gehe jetzt immer so gerne über diese Brücke – der schnell fließende Fluß, jeden Tag hat er eine andere Farbe, manchmal lassen sich Enten flußabwärts treiben, immer weht hier ein feines, frisches Lüftchen, auch wenn es noch so heiß ist.

Wollte mir der Zwang *auch das* nicht mehr gönnen? Ich hab's ihm gegeben!

___ Was ist Verhaltenstherapie?

Kurz vor Beginn meiner endgültigen Therapie war ich, in größter Not und Depression, einem Psychiater begegnet, der mir erklärt hatte, was Verhaltenstherapie ist. Er strich behutsam mit der Hand über die Polsterung der Sitzbank, auf der wir Platz genommen hatten und erklärte: »Sie werden lernen zu wagen, das zu tun, was Ihnen der Therapeut vormacht.«

Das war wohl sehr vereinfacht und auch bildlich gesprochen. Aber im Grunde genommen geht Verhaltenstherapie wirklich so vor sich. In enger Zusammenarbeit mit dem Therapeuten lernt der Patient neues, befreiendes und gesundes Verhalten. Auf der Basis von *Vertrauen*, der wichtigsten Voraussetzung für ein Gelingen der Therapie, kann der Patient wagen, was ihn bisher so geschreckt hatte. Der Therapeut wird während einer gut funktionierenden Therapie zu einer Bezugsperson, an der man sich vertrauensvoll orientieren kann, sowohl in Bereichen des zwanghaften Denkens als auch des Handelns.

Verhaltenstherapie ist vor allem ein *Lernprozeß*. Schritt für Schritt kann der Erkrankte die Erfahrung machen, daß er das, was er noch vor der Therapie so gefürchtet hatte, wagen kann, weil er es jetzt nicht mehr allein tun muß. Der Therapeut steht ihm zur Seite, er leitet die Therapie in verantwortungsvoller, einfühlsamer Weise, das ist seine Aufgabe. Verhaltenstherapie ist kein Abtrainieren früherer Verhaltensweisen, dieser Vorwurf wird ihr manchmal gemacht. Das stimmt einfach nicht, ich weiß es aus eigener Erfahrung. Es ist auch kein Puschen in eine Situation, der sich der Patient noch gar nicht gewachsen fühlt; es geschieht nichts ohne das Einverständnis des Erkrankten.

Den Übungen voran gehen hilfreiche und klärende Gespräche. Auch die Übungen, die immer den Bedürfnissen und dem jeweiligen Befinden und Vermögen des Patienten angepaßt werden, sind von unterstützenden Gesprächen begleitet. Ich habe es schon nach meiner ersten Übung erfahren dürfen: Da kommt ein ungeahntes Gefühl von Freiheit auf mich zu, das ist wunderbar.

In der Folge durfte ich lernen, daß das Leben auf dieser Welt nicht mehr ausschließlich in sauber/schmutzig, wahr/unwahr, richtig/falsch, sicher/gefährlich, giftig/ungiftig, schuldig/schuldfrei und so weiter einzuteilen ist. Ich habe gelernt, daß man im weiten Land *zwischen* den Extremen viel besser leben kann: freier von Angst und überspitzter Verantwortlichkeit.

Diese Therapie verhilft zu einer Toleranz des Unperfekten, nicht ganz Sicheren, ein wenig Schmutzigen, des Relativen und somit des eigentlich Liebenswerteren. Die Therapie führt zu einem Leben hin, das der eigenen Person, aber auch anderen mehr Großzügigkeit zugesteht. Ich war ja in meinem Leben vor Beginn der Therapie letztlich bei dieser Haltung angelangt: Je sauberer die Menschen sind, desto eher kann ich sie mögen. Der Zwang hatte mir vorgeschrieben, welche Menschen für mich gut und liebenswert sein sollten – und ich mußte mich nach ihm richten, obwohl mein Herz spürte, daß ich da schon eine ganz merkwürdige Einteilung vorgenommen hatte. In der Therapie lernt der Patient es zu wagen, Risiko einzugehen zu Lasten der zwanghaften und starren Haltung, ohne dadurch allzusehr verunsichert zu werden. Ich fühle mich heute viel besser, weil ich um einen Obdachlosen nicht mehr einen beschämend großen Bogen machen muß – nur, weil ich sauber bin und er schmutzig ist. Diese mir heute überheblich scheinende Haltung, die ich doch früher immer so übertrieben einnehmen mußte, die habe ich nicht mehr nötig.

Ich darf schon sagen: Verhaltenstherapie ist eine humane Therapie, und sie führt zu einem humanen Leben hin. Human muß hilfreich sein – und das war die Therapie.

In der ersten, für mich sehr harten Zeit der Therapie habe ich mich oft gefragt: Wie soll mir diese Therapie gelingen? Ich fühle mich doch nur sicher, wenn ich im Sinne des Zwangs möglichst perfekt handeln kann, alles andere bereitet mir solche Leiden. War mir doch die Sicherheit in der Sauberkeit zum wichtigsten Anliegen im

Leben geworden. Deshalb die tägliche Schufterei, die Angst, die Isolierung, die Komplexe in eigentlich allen Bereichen des Lebens. Ein armseliges, äußerst unsicheres Leben letztendlich.

In vertrauensvoller Zusammenarbeit lernen, diese Scheinsicherheit aufzugeben, befreiendes Verhalten einzuüben und neue Lebensperspektiven zu erarbeiten – das ist Verhaltenstherapie.

In einem – wohl vielleicht langsamen, mühsamen – Bewältigungs- und Lernprozeß wieder die Freiheit des Denkens, des Handelns, des Fühlens zu erfahren, das ist Verhaltenstherapie. Es mag eine schwierige Zeit sein, aber begleitet von viel Glück, Belohnung und einer *Freiheit*, die man sich vor Beginn der Therapie wohl kaum noch vorstellen konnte.

Ich kann Verhaltenstherapie auch so beschreiben, wie ich sie bei mir oft empfunden habe: Das ist »Knochenarbeit«, die vor allem der Patient leisten muß und die sehr reich belohnt wird.

Noch einmal das Leben der Kranken vor der Therapie führen zu müssen, das ist mir unvorstellbar.

Übrigens: Ich würde einem Zwangskranken nicht empfehlen, vor der Therapie, ja auch nicht in der ersten, noch recht unsicheren Zeit während der Therapie, ein Fachbuch über Zwangserkrankungen und deren Therapie zu lesen. Eine Ausnahme bildet das von mir sehr geschätzte Buch von Nicolas Hoffmann: »Wenn Zwänge das Leben einengen« (Herder). Es enthält auch Anleitungen zur Selbsthilfe für leichtere Zwänge und, ebenfalls von N. Hoffmann: »Seele im Korsett« (Herder) Mit Vorbehalt empfehlen möchte ich »Hör endlich auf damit« von Edna B. Foa und Reid Wilson (Heyne). Dies ist unübersehbar ein amerikanisches Selbsthilfebuch. Ich empfinde hier die Zwängetherapie als zu optimistisch und zu leicht durchführbar dargestellt. Manche Übungen halte ich wirklich für »saftig«, also nur geeignet für besonders harte Naturen.

Zwängetherapie nur per Selbsthilfebuch? Das kann ich mir sehr schwer vorstellen. Schon eher halte ich professionell geführte Selbsthilfegruppen für zweckmäßig. Als Literatur dazu möchte ich anführen:

M. Münchau, R. Schaible, I. Hand, C. Lotz: Aufbau von verhaltenstherapeutisch orientierten Selbsthilfegruppen für Zwangskranke. Leitfaden für Experten. In: Verhaltenstherapie, Sonderbeilage zu Jg. 5, Heft 3, 1995.

Heute, da ich diesen Bericht schreibe, liegt das Ende meiner Therapie drei Jahre zurück. Ich bin zwangsfrei, wobei sich diese Zwangsfreiheit auch in Zeiten erheblicher Belastungen, wie sie das Leben nun einmal mit sich bringt, halten konnte. Ich möchte bei der Schilderung meines Therapie-Abenteuers keine Schönfärberei betreiben. Meine Therapie war, wohl wegen der ungewöhnlichen Länge der Erkrankung, streckenweise so intensiv, daß ich durchaus verstehen kann, wenn jemand meint, daß er so etwas nicht schaffen könne. Ich erlebe heute solche Situationen bei meiner Arbeit als Kotherapeutin. Aber dann beobachte ich den gelegentlichen Entschluß von Zwangskranken, eine Therapie abzubrechen oder sich erst gar nicht darauf einzulassen, mit viel Bedauern. Ich weiß, wie groß der Lohn ist, wenn man bereit ist, für eine begrenzte Zeit das konzentrierte Leiden innerhalb einer Verhaltenstherapie auf sich zu nehmen. Wem sollte man glauben, wenn nicht einer, die das selbst durchlebt hat – mit allen Höhen und Tiefen?

___ Meine Tagebücher

Tagebuchauszüge:
– Ich bin mit meinem Mann ins Kino gegangen. Es war eine vom Therapeuten empfohlene Hausaufgabe. Während des Films kamen mir wieder einmal die Tränen, weil ich mich mit meinen 47 Jahren solchen Übungen unterziehen muß, um wieder einigermaßen psychisch gesund zu werden.

– Drei Monate nach Therapiebeginn: Ich handle ständig gegen meinen Willen, aber dieser Wille war mir ja auch aufgezwungen worden.

– Ich schaue nach einer Übung in den Spiegel. Ich bin erschöpft, als hätte ich einen Dreitausender erstiegen, aber ich habe es geschafft.

– Die Kopfarbeit ist enorm, mich wundert nicht, daß ich so vieles vergesse.

– Ich habe gegen mich selbst geschuftet wie ein Akkergaul!

– Ich glaube, ich habe mir von zwei Möglichkeiten des Handelns immer die für die Therapie der Zwänge schwerere und somit *heilsamere* ausgesucht. Der Therapeut sagt, ich hätte mit Verbissenheit geübt.

– Das Aushalten, zum Beispiel das Nicht-Hände-waschen, gibt mir Sicherheit vor mir selbst und meinen krankhaften Reinlichkeitswünschen. Wasche ich die Hände doch, dann will der Zwang gleich wieder Nahrung haben. Er ist ein Nimmersatt!

– Mir ist während der Therapie ein Versäumnis unterlaufen – ich habe die Familie zu wenig in meine Übungen einbezogen. Bei den Kindern war das nicht so gut möglich, ich hatte ihnen ja von der Behandlung auch nichts erzählt. Was meinen Mann betrifft, so fehlte mir zunächst einfach der Mut, die doppelte Last auf mich zu

35

nehmen. Da war es dann später von Neuem schwierig, zum Beispiel mit meinem Mann im Bus zu fahren und beobachten zu müssen, wie plötzlich auch er trotz seiner Stadthände das Taschentuch verwenden konnte oder im Lokal die Toilette benützte. Dafür genieße ich es heute um so mehr, meinen Mann unverhofft in der Stadt zu treffen und spontan zu umarmen, jetzt sind wir beide – schmutzig oder sauber!

– Im dritten Therapiemonat: Ich habe plötzlich einen merkwürdigen Einbruch gehabt. Ich war völlig verunsichert wegen des Händewaschens. Keine Ahnung, warum, aber ich fühlte mich einen Monat in der Therapie zurückversetzt und war ratlos. Da habe ich das Richtige gemacht nach dem Motto: Jetzt erst recht! Ich habe Geld durchgezählt und dann die Kopfkissen frisch überzogen. Heute Abend werde ich mein müdes Haupt auf einen Geldsack betten. Es passiert ja nichts!

– Auch im dritten Therapiemonat: »Es liegt noch viel vor mir, aber ich habe schon viel geschafft«.

– Die Therapiestunde: Hier ist der Ort, wo ich keine Angst zu haben brauche. Es ist ein Ort der Erholung, des Ausruhens und Mutschöpfens. Ich bin heute wieder so froh darüber, daß ich auf diese Therapie gestoßen bin. So hart sie oft ist, was hätte ich ohne diese Möglichkeit getan.

– Heute habe ich in der Stadtkleidung das Badezimmer saubergemacht nach der Devise: Schmutz herein – Schmutz heraus! Mir war bewußt, was da passierte, aber es war fast Lust am Üben dabei. Die Aufgabe und die Herausforderung, die durch die Therapie gestellt wird, kann auch sehr befriedigend sein. Bestimmt nicht nur belastend.

– Es ist jeder Morgen ein kleiner Neubeginn!

– Heute habe ich versucht – und das war nicht leicht

– mich daran zu erinnern, wie ich früher einkaufen gegangen war. Daß ich *das* ausgehalten habe!

– Wenn ich an die Vergangenheit denke, dann bin ich zu unversöhnlich mit mir. Die Kinder haben auch viel Schönes mitbekommen, ich habe sie auch meine Liebe spüren lassen.

– Ich habe einen ganz alten Brief aus dem Jahr 1966 gefunden, da war ich 25 Jahre alt. Er ist an meinen Mann gerichtet. Ich schreibe darin: »Du kannst Dir nicht vorstellen, was für Komplexe ich habe. Ich bewerte mich selber als eine vollkommene Null, und zwar deshalb, weil ich durch die Zwänge so gehemmt bin.« Mit 21 Jahren habe ich noch geschrieben: »Das Leben ist wunderbar!«

– Im vierten Therapiemonat: Mir kommt vor, als hätten wir bis jetzt wie ein Dirigent in einer Partitur geblättert, leichte, schwere und sehr schwere Stellen gefunden, einen Großteil durchgespielt, aber außer einigen Kleinigkeiten steckt das Ganze noch in den Kinderschuhen. Ich kann jetzt ein WC benützen, was gewaltig ist, aber ich fasse noch immer ungern die Klinke der Haustüre an, der volle Abfalleimer unterm Waschbecken verursacht mir, je nach Stimmung, Unbehagen bis Angst. Mein Umgang mit Kleidern ist alles andere als normal, die Geldzählübung ist immer schwer.

Aber ich habe ja Zeit. Der Therapeut sagt, der Erfolg liege in der ständigen Wiederholung. Meine Enkelkinder werden sicher eine gesunde Großmutter haben!

– Fünfter Therapiemonat: Ich hatte einen guten Vormittag und einen guten Nachmittag. Ich kann jetzt eigentlich alles, auch wenn oft Angst und viel Anstrengung damit verbunden ist.

Mit meinen Therapie-Tagebüchern verbindet mich heute eine Art Haßliebe. Einmal wollte ich sie schon in den Fluß werfen, um meine Vergangenheit damit zu ertränken. Aber wenn ich dann nachlesen kann, wie schlimm alles war, die Zwänge, die schwere Therapie und daß ich all das überwunden habe, dann kann ich mich anhand dieser Bücher schon mächtig über das Heute freuen.

Ich habe während der Behandlung fast täglich Tagebuch geschrieben. Vor den Therapiestunden habe ich meine Fragen notiert. Nach den Therapie-Stunden habe ich es gebraucht, um die Ratschläge des Therapeuten besser im Gedächtnis zu bewahren. Ich vermerke einmal in meinem Tagebuch, in dem ich ganz genaue Aufzeichnungen über das in der Therapie Besprochene mache: »Daran erkennt man die Idiotie dieser Erkrankung, daß ich mir jeden kleinsten therapeutischen Ratschlag aufschreiben muß. Mir fehlt die *Sicherheit*, dies nur einfach so im Gedächtnis zu bewahren.« (Im konkreten Fall hatte mir der Therapeut Anweisungen gegeben, wie man zwangsfrei eine Wolljacke wäscht: So lange spülen, bis das Wasser halbwegs klar ist! Ich hätte es doch eigentlich *auch* gewußt, ich bin ja nicht ganz blöd! Aber der Zwang kann einem schon beinahe den letzten Rest an Hausverstand rauben.)

Zwischen den einzelnen Therapiestunden habe ich das Tagebuch gebraucht, um mit meinen erheblichen Depressionen besser zu Rande zu kommen, um zwanghafte Zustände besser abbauen zu können. Aber auch, um Erfolgserlebnisse niederzuschreiben und – um riesengroßer Freude Luft zu machen!

Wenn es um das »Aushalten« ging, bin ich oft schreiben gegangen und habe auf diese Weise die schwierigste Zeit leichter überstanden. Oft habe ich nachgelesen und mir Mut gemacht: »Ach, das konnte ich damals, dann kann ich es heute auch!« Es war mir Antrieb zum Üben – dann konnte ich wieder etwas ins Tagebuch schreiben und damit in der Therapiestunde glänzen. Angeblich war ich ehrgeizig – natürlich war ich es. Ohne ein wenig Ehrgeiz geht es in dieser Therapie nicht. Ich schreibe: »Wenn ich guter Stimmung bin, möchte ich nichts anderes als erleben und schreiben!« Es sind Tagebücher, geschrieben in Augenblicken großer Not, Niedergedrücktheit, Verzweiflung, Hoffnungslosigkeit – aber auch unvorstellbaren Glücks und großer Dankbarkeit.

Ich spreche deshalb von meiner Gewohnheit, während der Therapie Tagebuch geführt zu haben, weil ich ohne diese Aufzeichnungen jetzt kaum ausführlicher darüber schreiben könnte. Ich hätte ohne diese Bücher wohl sehr vieles über diese Zeit vergessen, das Gute und das Schwierige.

Zwei »Erzählungen« sind mir hierbei besonders lieb geworden; ich möchte sie gerne wiedergeben. Ich denke, sie dokumentieren recht intensiv, was sich gefühlsmäßig während einer Therapie abspielen kann. Die erste Begebenheit benenne ich »Auf dem Stadtturm«. Hier beschreibe ich eine Übung, bei der mich die Vergangenheit einholt mit all dem Leid, das ein zwanghaftes Leben mit sich bringt, und mit dem dabei gefaßten Vorsatz, einmal über diese Therapie zu schreiben.

Die zweite Geschichte ist mein vielgeliebtes »Gräsererlebnis«, das demonstriert, daß Verhaltenstherapie weit über das hinausgeht, was ein trockenes Lehrbuch zu vermitteln vermag. Mit ihr möchte ich meinen Bericht schließen.

Auf dem Stadtturm

Geschrieben im vierten Therapiemonat:

»Ich wurde zur Übung hier auf den Stadtturm ge-
schickt. Ich übe den Kontakt mit ›Schmutz‹, also den
hier oben sehr intensiven Kontakt mit den vielen Besu-
chern. Der Therapeut hatte mich in der Vorbesprechung
ermuntert, recht tüchtig das Geländer im Turm anzufassen. Ich übe den Gebrauch des von so vielen benutzten
Fernrohrs, des Informationstelefons. Alles fällt noch
sehr schwer, aber es gelingt. Zudem genieße ich die un-
erwartet schöne Aussicht auf das bunte Treiben da unten
in der Altstadt, also eine Übung mit gleichzeitiger Belohnung und einem weiteren Schritt in Richtung Freiheit.

Ich denke an die Zukunft, habe nur den einen
Wunsch: Wenn ich einmal über den Berg bin, möchte ich
meine Erfahrungen weitergeben. Nicht nur, um anderen
Leidensgefährten zu helfen, sondern auch um mitzuteilen, was Ungeheuerliches mit mir vorgeht. Ob das je wer
verstehen wird? Wahrscheinlich genausowenig, wie
meine Zwangserkrankung zuvor. Die große Veränderung meines Verhaltens, meines neuen Lebenswillens in
dieser kurzen Zeit.

Da war auch die Frage nach der Ursache der Erkrankung, die Angst vor der Zukunft, wie es in der Therapie weitergehen wird, wie erfolgreich sie sein wird.
Ich dachte über die Zwänge während all dieser Jahre
nach, die mir so viel Entscheidendes verpatzt hatten, die
unberechtigten Vorwürfe gegen mich selbst wegen meiner durch die Zwänge beeinträchtigten Erziehung der
Kinder. Das vor allem bedrückte mich fürchterlich. Ich
schluchzte mich aus auf dem Stadtturm, im Turm, in
den ich mich flüchtete, um nicht zu sehr aufzufallen.«

Und jetzt habe ich die Chance, meine Erfahrungen weiterzugeben, das zu tun, was ich mir auf meinem Übungsausflug so sehr gewünscht hatte – zu schreiben, zu berichten und vielleicht auch ein wenig zu helfen.

___ Die Zwänge

Bevor ich das ungeheure Erlebnis meiner Therapie erzähle, will ich noch ausführlicher schildern, welcher Art meine zwanghaften Ängste waren, die sich in vielen Jahren vor Beginn der Therapie chronifiziert hatten und die mein Leben von Jahr zu Jahr mehr einengten.

Das waren zum einen *Kontrollzwänge*, die aber vergleichsweise nicht so sehr ausgeprägt waren. Mein größter Schrecken war all das geworden, was eigentlich die *Natur des Menschen* ausmacht, vor allem des *fremden* Menschen. Am gefürchtetsten waren für mich seine Ausscheidungen wie Stuhl, Harn, Speichel, also besonders Ausgespucktes auf der Straße; dann auch der Schweiß, die Haut, die Haare. Ich wollte Menschen nicht mehr die Hand reichen, ihnen nicht zu nahe kommen, weil ich fürchtete, sie könnten mich beim Sprechen mit Speichel kontaminieren. Ich konnte Menschen nicht mehr bei meiner Wohnungstüre hereinlassen und war froh, wenn die Familie die Wohnung möglichst nicht verließ, denn zurückkommend brachten sie mir »Schmutz« von fremden Menschen in das Haus. Ich hatte Schwierigkeiten, Mann und Kinder zu umarmen, weil sie »Schmutz« von anderen Menschen an sich hatten. »Mama, Du machst um die Leute im Geschäft immer so einen Bogen«, hatte eines meiner Kinder einmal beobachtet. Wie weh das tut, sogar die Kinder merken es.

Oder: »Von der Mama darf man nie die Haare anrühren!«

Ich habe den Eindruck, die Kinder holen so manches früher »Verbotene« nach. Man fährt mir heute gern ganz schnell im Vorübergehen mit der Hand durch die Haare oder setzt sich mit Vorliebe in »dreckigen« Jeans auf mein früher so ängstlich gehütetes Bett. Wir sprechen kaum darüber, aber wir verstehen uns. Sehr viel fröhlicher und unbeschwerter ist das Leben in unserer Familie geworden durch meine Therapie.

Nun, da ich gesund bin, das alles schon seit Jahren überwunden habe, bereitet es mir große Mühe, die Leiden dieser mir heute völlig fremden Frau zu beschreiben. Es ist mir unheimlich, daß ich einmal so ein ausgegrenztes Leben geführt habe. Kein Wunder, daß ich jetzt so großes Bedürfnis nach Kontakten zu Menschen habe. Wenn ich in der Stadt die Wahl habe, meinen Weg auf der einen Straßenseite zu nehmen, die belebt ist, oder auf der anderen weniger belebten, dann verspüre ich ein leichtes Gefühl depressiver Verstimmung: Ich weiß, ich will zu den Menschen. Das andere, die Flucht vor den Menschen gegen meinen Willen, das habe ich allzu lange erdulden müssen.

Vor der Therapie bin ich an Sonntagen mit meinem Mann am liebsten in die Einsamkeit der Berge gegangen. Nur möglichst keinen Menschen begegnen! Schon während der Therapie wurde es mir da oben zu still – ich wußte, ich wollte Geselligkeit. In die Stadt bummeln gehen, Freunde treffen; sogar im Gedränge eines Jazzkonzerts habe ich mich auf einmal gut gefühlt – ich, die früher nicht einmal an Menschen herankommen durfte! Regelrecht umgekrempelt hat mich diese Therapie! – oder nein, eigentlich darf ich durch die Behandlung wieder die Frau sein, die ich früher einmal war und deren

Wesen durch die Zwangskrankheit gänzlich verschüttet worden war.

Mein Leben war die letzten Jahre vor der Therapie so eingeengt, so besetzt von Angst und Ratlosigkeit: Ich wußte wirklich nicht mehr, wie ich den Anforderungen einer Mutter von drei Kindern gerecht werden könnte. Es war eine Zeit schlimmster Depressionen und Auseinandersetzungen in der Familie.

Ich habe in dieser Zeit das Schicksal erlitten, das sicher auch heute noch viele meiner ehemaligen Leidensgefährten erdulden müssen: Mein Mann und ich haben Hilfe gesucht und irgendwann einmal die Suche aufgegeben. Wir haben in der Fachliteratur nachgelesen und keine Ermutigung zu einer Zwangsbehandlung gefunden. Ich hatte auch einige Besuche bei Psychiatern und Psychologen hinter mir, aber da habe ich einfach Pech gehabt, mehr ist diesbezüglich nicht zu sagen.

Daß nicht» nur ich dieses »Pech« hatte, erfahre ich jetzt immer wieder. So mancher Zwangspatient muß sich das Glück einer effizienten Therapie in einer schier endlosen Suche nach Hilfe hart erkämpfen. Dazu einige Stationen auf diesem Weg, den eine Leidensgefährtin von mir zunächst durchlaufen mußte: Hilfe suchte sie bei der Fußreflexzonenmassage, beim Homöopathen, beim Heilpraktiker, beim Hausarzt (der wollte die Therapie der sehr an Zwängen Leidenden gar selbst übernehmen), bei einem Psychotherapeuten, der mit Bachblüten arbeitete, bei einem weiteren Psychotherapeuten, bei einem Psychiater, der keinen Platz für sie frei hatte, bei drei weiteren Psychiatern. Und ich hatte gedacht, nur ich hätte diese Misere erleben müssen, weil der Beginn meiner Zwangserkrankung so weit zurückgelegen hatte.

Ich kann hierfür keine Erklärung finden, zudem

sich die Therapie mit dieser Patientin sehr erfreulich gestaltete und sie sich sehr motiviert zeigte, mit ihren
Zwängen aufzuräumen.

Bis vor kurzem sind wir jedenfalls die »vergessene
Population« gewesen, schreibt N. Hoffmann.

Der Therapeut hatte mir einmal von einem Fall aus
seiner Praxis erzählt. Das war eine junge Frau, die nur
ein Zwangssymptom hatte: Sie wusch ihre Wäsche zu
wiederholten Malen in der Maschine. »Sie hatte Glück«,
beneidete ich sie, »sie hat schon in diesem frühen Stadium zur Therapie gefunden. Ich weiß, wie das sonst aus-
ginge.« Es ist wie bei einem Stein, den man ins Wasser
wirft – die Ringe werden immer größer und das Leben
immer enger. Bis man sich, wie das bei mir der Fall war,
wegen Schmutzangst kaum mehr aus dem Haus traut.
Und im Haus gibt es auch noch tausend Gefahren. Schon
das Läuten der Türklingel konnte mich erstarren lassen.
Stundenlang bin ich in der Wohnung auf Socken herum-
geschlichen, damit niemand bemerkt, daß ich zu Hause
bin. Ein Handwerkerbesuch, ein (ja immer) ungebetener
Gast, das alles waren mehr oder weniger große Katastro-
phen. Kein Wunder, daß ich keine Kontakte mehr hatte,
die Freundinnen sich verliefen. Mein einziger zwangs-
freier Draht nach draußen war das Telefon, die Gespräche mit einer Frau, der ich dann auch einmal mein Leiden erklären wollte. Ich hätte es nicht tun sollen. Das
Unverständnis, das sie meinen Symptomen entgegen-
brachte, war ja auch wieder verletzend. Die Zwangskrankheit mit einer »falsch eingelernten Verhaltenswei-
se« zu umschreiben, mag für manche Betroffene tröst-
lich klingen. Aber in Wirklichkeit ist es eine oft fürchter-
liche Erkrankung. Nach meiner Erfahrung ist sie auch
von viel mehr Angst begleitet, als in der Literatur oft
beschrieben wird.

Es ist dies eine Angst, oft vermischt mit Gefühlen der Ohnmacht, der wahnsinnigen Anspannung, der Resignation, der Wut, der Demütigung, des Ausgeliefertseins an den Zwang. Ich habe Patienten im »Zwangsrausch« gesehen (sie selbst haben diesen Zustand so bezeichnet) – sie waren in ihrer Gefangenheit und Zwangsangst gleichsam erstarrt.

Während der Erkrankung habe ich, außer meinen Mann, niemand ins Vertrauen gezogen. Es war mir unvorstellbar, daß ich gestehen müßte: Ich kann keine Türklinken anfassen, ich kann Geld nicht anfassen, ohne in panische Angst zu geraten und mir nachher endlos die Hände zu waschen. Ich kann keine Freundin haben, denn sicher würde sie mich bitten, mit ihr ins Kaffeehaus, ins Kino zu gehen – unmöglich, ich kann mich dort nicht auf einen Sessel setzen, wenn ich zu Hause nicht sofort duschen und Kleider wechseln darf. Ich wollte ja nur mehr das unbedingt Nötige tun, denn »nur für ein Vergnügen« setzte ich mich nicht der Gefahr aus, zwanghafte Erlebnisse zu haben mit all den schlimmen Konsequenzen.

Durch meine Bemühungen, alles möglichst zu verheimlichen, konnte ich meine Zwänge nicht so ausleben, mußte ich mich mehr zusammennehmen. Das hat Vorteile – die Krankheit wird etwas eingebremst, sie schreitet nicht so schnell voran, kann sich nicht so hemmungslos ausbreiten. Das Umfeld, die Familie kann nicht so sehr zu »Zwangshelfern« herangezogen werden. Das ist die eine Seite. Andrerseits hat mich diese Haltung oft in sehr demütigende Situationen gebracht, man stand all die Jahre meinem merkwürdigen Verhalten verständnislos und oft auch empört gegenüber.

»Die Ulrike läßt niemand zur Tür herein«, wunderten sich Verwandte und Bekannte.

45

In einem Geschäft wurde ich einmal derart angeredet: »Sie haben wohl Angst vor Geld?« (Ich hatte wieder einmal meine schützenden Handschuhe an, wollte sie beim Bezahlen nicht ausziehen und stellte mich deshalb umständlich und ungeschickt an.) Heute noch klaube ich mit Vergnügen am Ort meiner damaligen Demütigung viele einzelne Münzen aus meiner Geldtasche, zähle sie nochmals durch und denke mir: »Meine Herrschaften, seht nur her, das mit der Angst vor dem Geld, das gehört der Vergangenheit an: Ich habe Verhaltenstherapie hinter mir, mich demütigt man nicht mehr!« Der Triumph gegenüber bewältigten Zwängen ist etwas Wunderbares!

Der Umgang mit Zwangspatienten gilt in Fachkreisen als schwierig. Wenn etwas in meiner Therapie behindernd war, dann sicher vor allem meine große Empfindlichkeit. Wen wundert es? Ich bin lange genug getreten, belächelt, ausgelacht, bestaunt, kritisiert, geringgeschätzt, gedemütigt worden. Fühlt sich ein körperlich Behinderter schuldig? Kaum! Ein Zwangskranker immer – weil ihm seine Krankheit ja im Grunde genommen selbst verrückt vorkommt. Weil er wahnsinnig gerne anders handeln möchte. Manchmal spürt er sogar beinahe die Kraft dazu. Nur noch ein kleiner Ruck – und dann gelingt es doch nicht, der Mut zum Aushalten fehlt – Rückschlag, Rückfall, alles umsonst, alles beim Alten. Wie leidvoll ist die Zwangserkrankung – ich habe sie ausgekostet, habe jede Menge an Varianten erlebt in dieser langen Zeit. Erleichterung in meinen Depressionen habe ich gesucht, als ich endlich wieder zu einem Psychiater ging.

___ Die Therapie

Wenn ich manchmal mit dem Schicksal hadere, erst
so spät in Therapie gekommen zu sein, dann muß ich
unwillkürlich an die tröstenden Worte eines Leidensgefährten denken: »Sei froh, dann hast du wenigstens den
richtigen Therapeuten bekommen!« Recht hat er, also
will ich mich nicht mehr beklagen. Und ohne Therapie
wäre ich jetzt eine verbitterte Frau, sauer, neidig, vielleicht zwischen Zuhause und Psychiatrie pendelnd.

Wie ich damals zur Praxis des Therapeuten gefunden hatte, das weiß ich nicht mehr so genau. Sicher fuhr
ich mit dem Auto dorthin, weil ich ja nicht so weit zu
Fuß gehen konnte – die Praxis lag jenseits des Flusses!

Meine Kleidung? Das weiß ich noch: Bluse, wasch-
barer Rock, Gummistiefel, Regenmantel, Handschuhe
(im Monat Mai, das habe ich schon erwähnt). Keine Uhr,
kein Schmuck, kein Gürtel am Rock. Wozu auch? Das
muß man doch alles zu Hause wieder reinigen. Also nur
nichts Überflüssiges! Die »schmutzige« Handtasche
habe ich von mir entfernt gehalten, da waren kein Lippenstift drin und kein Kamm, die hätte ich mit »Stadthänden« ohnedies nicht verwenden können. Chic war
ich bestimmt nicht, aber sauber!

Die ersten Therapiestunden bestanden ausschließlich aus Gesprächen. Ich habe mir die letzten 27 Jahre
von der Seele geredet und geschluchzt. Und war fassungslos darüber, daß der Therapeut verstand, warum
ich mit meinen Stadthänden nicht meine Haare berühren konnte. *Er selbst* hatte es mir erklärt und mir somit
bewiesen, wie er sich in Zwänge einfühlen kann: »Weil
Sie dann letztendlich am Abend mit Ihren schmutzigen
Haaren das Kopfkissen verunreinigen würden.«

»Du meine Güte, das verstehen Sie«, war meine

Reaktion. Keine Verwunderung, kein Belächeln meines Verhaltens – wie wohl hat mir das getan.

Ich glaube, damals war der wichtigste Schritt zum Vertrauenfassen getan.

Endlich ist da jemand, der diese Ungeheuerlichkeit des Zwangsverhaltens kennt und mich dabei nicht fühlen läßt, wie unmöglich mein Verhalten sei. Auch das war mir schon bei einem »Fachmann« passiert: »Und *das* läßt sich Ihre Familie gefallen?« wurde ich gefragt.

Wie können wir mit unseren kaum zu bewältigenden Schuldgefühlen fertig werden, wenn »Therapeuten« sich so verhalten! Ich habe damals das Sprechzimmer noch depressiver, gedemütigter und hoffnungsloser verlassen.

Ganz anders war das diesmal verlaufen. Aus diesem Erlebnis ergab sich dann später auch die erste Übung in der Praxis. Über den Modus der Therapie war bis dahin noch nicht gesprochen worden – da fragte mich der Therapeut mit einem aufmunternden Lächeln: »Getrauen Sie sich, eine Übung zu machen, nämlich mit den Händen ihre Haare zu berühren?«

Ich getraute mich, es fiel gar nicht so schwer, ich war ja nicht mehr allein wie all die Jahre zuvor.

Oder ein ähnliches Anfangserlebnis: Ich stand im Vorraum des Wartezimmers und berührte versehentlich mit meinen Haaren einen Haken am Kleiderständer. »Normalerweise würde ich jetzt die Haare waschen müssen«, sagte ich zum Therapeuten, der in der Nähe stand.

Es war schon ein Fortschritt, daß ich von meiner *Absicht* sprechen konnte, zu Hause das übliche Ritual des Haarewaschens zu vollziehen. Indem ich das dem Therapeuten erzählte, liebäugelte ich wohl schon mit dem Gedanken, es diesmal nicht zu tun. Ich wollte nur Hilfe.

Der Therapeut hatte einfach den Kopf geschüttelt, mehr brauchte ich nicht. Bereits nach diesen zwei Übungen war es mit der elendiglichen Haarewascherei zu Ende, auch wenn ich diesbezüglich immer wieder Rückfragen hatte – die Sicherheit ist halt ein Wachstumsprozeß.

Diese zwei kleinen Lernerfahrungen werfen sicher Fragen auf:

- Warum konnte ich jetzt plötzlich so »normal« handeln, warum nicht schon früher?
- Was hat es mit dem Vertrauen auf sich, was mit der Sicherheit?
- Was ist eine »Übung«?

Ich werde auf all das zu sprechen kommen. Jedenfalls war das der geglückte Anfang einer sehr geglückten Therapie, die Vertrauensbasis war geschaffen, sie hatte diese ersten Schritte möglich gemacht. Ich kannte eine Leidensgefährtin, die immer durch Bemerkungen ihres Ehemannes verunsichert wurde: »Der Therapeut versucht Dich ja nur hereinzulegen.« Ich habe sehr bald die Sicherheit gehabt, vertrauen zu dürfen.

Im Telegrammstil würde ich den Verlauf der Therapie so beschreiben: Zum Therapeuten Vertrauen fassen und – (was die Zwangsbewältigung betrifft) ich kann es tun – ich kann es ertragen – ich kann damit leben – es gehört zum Leben.

Ich habe mir lange überlegt, ob ich Ihnen sehr ausführlich von meiner Therapie erzählen soll. Ich halte das nicht für sinnvoll. Ich könnte dabei den gleichen »Kunstfehler« begehen wie der Psychologe, bei dem ich vor dieser endgültigen Therapie Hilfe gesucht habe. Er hatte mich durch seine allzu konkreten und völlig unrealistischen Therapievorschläge beim Erstgespräch derart ent-

49

mutigt, daß ich Reißaus nahm. Nein, war meine Reaktion, diese Therapie mache ich nicht mit!

Ich versichere Ihnen, wenn Sie zum Therapeuten oder zur Therapeutin *Vertrauen* gefaßt haben – und dazu brauchen Sie erst einmal ein paar Gesprächsstunden – dann werden Sie sich auch auf das Wagnis einlassen, Übungen zu probieren. Es wird ein partnerschaftliches Arbeiten zu zweit sein.

___ Die Übungen

Ich habe nun schon ein paarmal das Wort »Übung« erwähnt. Ich habe in meinem Wörterbuch nachgeschlagen und unter dem Wort »Übung« folgende Beschreibung gefunden: Das Üben ist ein stetiges Wiederholen zur Vervollkommnung, zum Erwerben einer Geschicklichkeit.

Die »Vervollkommnung« beim Zwangsabbau würde ich nicht so hervorheben. Die Ziele müssen immer realistisch bleiben. Aber das »Erwerben einer Geschicklichkeit« – das hat mir sehr gut gefallen. Es ist die Geschicklichkeit zu lernen, auf vielerlei Weise mit dem Zwang umzugehen. Mit Wut, Zorn, auf spielerische Weise, mit Humor, mit Gleichgültigkeit, mit Sanftheit, mit saftigen Ausdrücken, die durchaus befreiend wirken können. Eine große Palette im Umgang mit dem Zwang zur Hand haben, eine Geschicklichkeit erwerben beim Zwängeabbau – das fände ich ideal.

Hinzu kommt »stetiges Wiederholen«. Das klingt anstrengend, langweilig, mühsam, nicht wahr? Sie müssen *Motivation* haben, es zu tun; ein Ziel, für das es sich lohnt zu kämpfen. Auch hierbei wird Ihnen der Therapeut behilflich sein.

Ich hatte Kontakt mit einer Frau, die seit etlichen Jahren an Wasch- und Ordnungszwängen leidet. Diese Frau hat jahrelange Gesprächstherapie hinter sich, weiß Bescheid über die Hintergründe ihrer Erkrankung, über die Ursachen, ihre Schuldgefühle und so weiter. Aber sie hat in dieser langen Zeit ihrer Behandlung nie das gemacht, was das A und O einer Zwangsbehandlung ist: Die Übungen in Form von »Konfrontation« und »Reaktionsverhinderung«, wie es im Fachjargon heißt. Gemeint ist, daß sie niemals gelernt hatte, sich mit Hilfe des Therapeuten den angstauslösenden, gefürchteten Situationen zu stellen und dann auf zwanghafte Rituale wie waschen, kontrollieren, zählen, nachfragen und so weiter zu verzichten. Und dies so lange und immer wieder, bis die Angst nachläßt, sich löst und die Gewöhnung erreicht ist.

Diese Frau hat viel Geld für ihre Behandlung ausgegeben, aber jetzt ist sie keinen Schritt weiter und sehr verzweifelt.

Es hat keinen Sinn, wenn Sie sich Illusionen hingeben; wenn Sie glauben, daß schwere Zwänge durch Gespräche allein verschwinden, durch Medikamente allein. In den seltensten Fällen wird in der Literatur davon berichtet. Der »klassische« Weg kann nicht umgangen werden. Wenn jemand Ihnen anderes weismachen will, dann sind Sie am falschen Platz. Gehen Sie! Sie brauchen einen Verhaltenstherapeuten oder eine Verhaltenstherapeutin. Gespräche sind sehr wichtig, Medikamente können unterstützend wirken, aber ohne die Übungen können Sie nicht gesund werden.

Ich frage mich manchmal recht erbost, warum es in gewissen Fachkreisen nicht anerkannt wird, daß Zwangskranke Verhaltenstherapie benötigen. Dabei habe ich den leisen Verdacht, daß dabei die Bequemlichkeit *auch* eine Rolle spielt. Es ist unbestritten angenehmer, mit einem Patienten Gespräche in der Praxis zu führen, als Hausbesuche zu machen, um sich seiner total verzwängelten Wohnung anzunehmen. Mein Therapeut hatte weder Mühe noch Zeitaufwand gescheut, mich überall dorthin zu begleiten, wo Zwänge eine normale Lebensführung blockiert hatten.

»Mit Schmutz haben wir nichts zu tun«, hatte mir eine privat bekannte Analytikerin erklärt, als ich ihr recht glücklich vom eben erst erfolgreich verlaufenen Hausbesuch bei einer Patientin mit Berührungsängsten erzählte. Ich war beinahe sprachlos. Als Kotherapeutin habe ich wirklich manchmal das Gefühl, eine Art Haushaltshilfe zu sein, weil der Zwang oft jede vernünftige Haushaltsführung unmöglich macht. Oh ja, mit »Schmutz« habe ich allerhand zu tun. Da muß ich auch mal zugreifen und zeigen, wie man »zwanglos« eine Toilette putzt, wie ein »Wegwerfzwang« mit seinen Abfallproblemen fertig wird. Warum auch nicht. Ich habe eine sehr normale Einstellung zum Schmutz bekommen. Mein Therapeut hatte mir das nicht nur in Wort, sondern auch in Tat beigebracht, indem er die Übungstoiletten erst einmal selbst inspizierte und auf ihre Zumutbarkeit überprüfte. Ich habe ihm dabei sehr genau zugesehen und keine Zimperlichkeit gegenüber »Schmutz« feststellen können.

Für den ängstlichen und unsicheren Patienten sind solche Eindrücke und Erinnerungen Goldes wert.

___ Das Modellernen

Ich persönlich habe das Modellverhalten des Therapeuten für sehr hilfreich gehalten. Dieses Vormachen hat
mir Sicherheit und das Gefühl von Partnerschaft vermittelt. Gut für die therapeutische Beziehung war das Ver-
bindende des gemeinsamen Erlebens. Es gibt Fachbü-
cher, die behaupten, man wolle auf diese Weise Verantwortung von sich auf den Therapeuten abgeben. Ich
sehe das überhaupt nicht so. Gerade dieses Vormachen
war so wichtig für mich, um Mut zu bekommen. Ich
habe heute noch gewisse Handbewegungen des Therapeuten in Erinnerung, oft ganz kleine unscheinbare Be-
wegungen. Daß ich sie heute noch so deutlich vor Augen
habe, zeigt, wie wichtig und geradezu lebensnotwendig
sie mir damals waren. Wie der Therapeut einen – eigentlich ja immer mit allerhand »Schmutz« behafteten –
Hund gestreichelt hatte; auf der Straße einen Fahrrad-
schlauch gedrückt hatte; seinen Arm – mit einladendem
Blick zur Nachahmung auffordernd – auf die Haltestange im Bus gelegt hatte; die Zuckerstücke mit ungewa-
schenen Bahnhofshänden in den Kaffee fallen ließ. Ich
konnte sehen und lernen: Es passiert nichts, wenn *auch
ich* das wage.

Aber warum war es mir nicht schon früher möglich,
mich zum Beispiel am Vorbild meines Mannes zu orientieren, ich hätte doch auch ihm vertrauen können. Warum habe ich nicht schon früher gewagt, andere Menschen zu »kopieren« und somit »normal« zu handeln?
Meine spontane Antwort könnte lauten: Es war mir
nicht möglich – es ware eine Krankheit.

Aber was machte die Besonderheit des Therapeuten
aus, daß *sein* Vorbild vertrauenswürdiger war als das
aller anderen? Ich habe diese Frage einer Patientin ge-

stellt, die ich betreut hatte und die in guter und schon lange dauernder Beziehung zu ihrem Freund lebt. Ihre Antwort:»Weil *du* diese Krankheit *selbst* gehabt hast, weil *du* das alles auch erlebt hast. Weil du mir demonstriert hast, daß du meine Befürchtungen und Gedankenabläufe *kennst*, bevor ich überhaupt darüber gesprochen habe. Ich habe dir vertraut.«

Und wie war das bei mir?

Da muß ich ganz von vorne beginnen, damals, als der Psychiater an der Klinik, an der ich zuletzt Hilfe gesucht hatte, zu mir sagte:»Für Ihr Problem kommt ein mir bekannter Therapeut in Frage. Er befaßt sich seit vielen Jahren mit der Behandlung von Zwangspatienten und hat Erfolge damit.«

Das war etwas völlig Neues für mich. Da gab es also einen Therapeuten, der für meine »verrückten« Probleme kompetent war; der in seiner Fachausbildung sogar über Zwangskranke gelernt hatte; der in einer Vorlesung davon erfahren hatte, daß es Menschen gibt, die nicht wissen, was sie mit ihrer türklinkenverschmutzten Hand anfangen sollen. Da gibt es tatsächlich jemanden, der dieses Leiden so ernst genommen hatte, daß er es zu seinem Beruf machte.

Ich habe mich vor Ostern zum Termin angemeldet und konnte nach den Feiertagen zum Erstgespräch kommen. Ich habe diesen Tag kaum erwarten können. Ich war so froh, endlich einmal mit jemandem über meine Krankheit sprechen zu können.

Am Eindrucksvollsten hatte mir der Therapeut seine Kompetenz bewiesen durch das sich Einfühlenkönnen in meine Zwangsbefürchtungen. Ich spüre heute noch mein maßloses Erstaunen, weil der Therapeut wußte, wie sehr ich um mein sauberes Kopfkissen besorgt war.

Ich konnte meinen »Schützling« durch selbst Erlebtes überzeugen. *Der Therapeut* hatte sich seine Zuständigkeit durch Studium und durch die Behandlung vieler Zwangskranker vor mir erarbeitet.

Ein weiterer, vielleicht ähnlich wichtiger Grund für das so besondere Akzeptieren des Therapeuten als Helfer und Vorbild in meiner Therapie war der *Platz*, der mir nun als Patientin eingeräumt wurde. Psychiatrische Patienten sind in der Zuwendung durch ihr Umfeld oft nicht sehr verwöhnt. Sie sind schon sehr dankbar, wenn man sie einigermaßen so akzeptiert, wie sie sind, ohne deshalb – milde ausgedrückt – ständig kritisiert zu werden. Und plötzlich, für mich nach vielen, vielen Jahren, ändert sich Entscheidendes. Da gibt es plötzlich einen Ort, eine bestimmte Stunde, da bin ich *mit meinen Interessen im Mittelpunkt*. Ich werde als Person ernst genommen, wegen und trotz meiner Leiden.

Die Therapie, so belastend sie ist, bedeutet eine Aufgabe für mich, die vom Therapeuten mit Interesse und Teilnahme verfolgt wird. Das tut sehr gut. Ich bin nicht mehr »verrückt« und komisch, sondern »nur« krank.

Ich habe diese Tatsache so sehr genossen, daß ich auch schon versucht war, zwanghafte Hilfsbedürftigkeit zu mimen – dies zu einem Zeitpunkt, da ich Hilfe kaum noch nötig hatte. Ich wollte mir das unter dem Motto zugestehen: Warum soll ich mich allein plagen, wenn es zu zweit viel angenehmer und netter ist! Der Ehrgeiz hatte mich dann doch zur Räson gebracht.

(In einem Anflug von Übermut hatte ich mich sogar als »special« bezeichnet, weil ich mich durch mein skurriles Verhalten so von anderen unterschied. Diese »neue Selbsteinschätzung« fand allerdings im fortgeschrittenen Therapiestadium statt. Vorher hatte ich für meine

55

Andersartigkeit keine Lust zum Spaßen. Ich habe übrigens eine Patientin kennengelernt, die wollte wirklich ein »besonderer Zwang« sein. Ich nehme an, daß sie sich hinter ihrer Krankheit verstecken möchte, um sich nicht den Anforderungen ihres Lebens stellen zu müssen.)

»Endlich einer, der zu *mir* hält«, habe ich einmal zum Therapeuten gesagt. In meiner Ursprungsfamilie hatte ich nicht gerade einen Platz an der Sonne. Dazu war ich zu wenig tüchtig, zu wenig begabt ...

In meiner eigenen Familie war ich in zunehmendem Maße auch Zwangsmutter, die sich immer schlechter mit ihren zwanghaften Forderungen bei den Kindern durchsetzen konnte und ob ihrer merkwürdigen Ansprüche nicht ernst genommen wurde. Und ich war auch Zwangsehefrau, die ihrem Partner auf die Nerven fiel, anstatt ihn zu unterstützen, und die durch ihre Aggressivität das Familienklima beeinträchtigte. Mein Mann war froh, als ich in Therapie kam. Nicht nur für mich, auch für sich selbst. Bisher hatte er die Last einer zwanghaften Frau ganz allein tragen müssen. Endlich war er entlastet. Er hatte wirklich genug von Zwängen, auch vom Gespräch darüber.

Während meiner Therapie konnte er dann mit Meldungen wie: »Ich kann jetzt in Stadtkleidung die Betten frisch überziehen, auch wenn ich die Hände vorher nicht gewaschen habe«, nicht viel anfangen. Ich hatte meinem Mann während meiner Krankheit nicht alle Details meiner »Unfähigkeit« schildern wollen. Wozu auch? Einerseits schämte ich mich, andererseits hätte mir das auch nichts geholfen. So hatte er die kleinen Schritte meiner Erfolge auch nicht verstehen können.

Anders der Therapeut – er registrierte meine neuen Leistungen mit *Lob* und *Anerkennung* und schien nicht müde, sich all meine Detailfragen anzuhören und mir zu raten. Beim Therapeuten hatte ich kein schlechtes Gewissen mehr, ihn zu belasten, ihn durch meine lächerlichen Fragen zu nerven, ihm durch meine Klagen die Laune zu verderben. Mich anzuhören und mir zu hlefen, *das war ja sein Beruf.*

(Nein, ganz egal war es mir auch nicht, daß ich so viel klagen mußte. Deshalb habe ich oft gehofft, mein guter Zustand möge bis zur nächsten Therapiestunde anhalten, damit ich dem geplagten Therapeuten endlich einmal ein frohes Gesicht zeigen könnte. Aber das ist mir im Lauf der Monate ohnedies immer besser geglückt.)

Die Zeit während der Therapiestunde galt ausschließlich mir, es ging nur um meine Bedürfnisse – kein Eigeninteresse störte. Daß der Therapeut auch noch Familie hatte, auch noch andere Patienten, das mußte ich als notwendiges Übel hinnehmen. Keine Sorge, diese Ich-Bezogenheit gibt sich schon wieder – sonst könnte ich heute nicht Kotherapie machen und mitansehen, wie andere im Mittelpunkt des Interesses stehen. Heute ist dieser Bedarf nicht mehr vorhanden.

Ist es nicht verständlich, daß ich damals diese »ideale«, für meine Bedürfnisse sehr vertrauenswürdige Hilfe in der Person des Therapeuten am liebsten zum vorbildhaften Lernen hatte, um von meinen Zwängen zu lassen. Ich wollte mich eine Zeit lang *ausschließlich* an dieser Vertrauensperson orientieren.

Zu guter Letzt:
Der Therapeut ist immer auch eine Respektperson. (Sollte es jedenfalls sein. So ist es mir unverständlich, daß es Therapeuten geben soll, die sich mit ihren Patienten duzen.)

Beim Therapeuten konnte ich nicht einfach sagen: »Nein, ich tu das nicht, auf jeden Fall nicht jetzt und heute, lassen Sie mich in Ruhe.« Doch, ich hätte es schon sagen können, und er hätte mich auch in Ruhe gelassen mit dem Kontaminieren, mit dem »in der Situation bleiben«, mit dem Üben ... Aber dann hätte ich halt keine Therapie mehr gehabt und wäre wieder allein dagestanden.

Mit zunehmender Sicherheit konnte ich schön langsam auch meinen Mann, ja, sogar die Kinder und ganz Unbekannte zum Vorbild nehmen. Beginnende eigene Sicherheit hatte mir das möglich gemacht. Meine Sicherheit hatte ich mir zuvor beim Therapeuten geholt. Ich sah meinen Mann vom Beruf heimkommen, beobachtete, wie er sich nur *einmal* die Hände wusch, und konnte daraus lernen.

Heute vernachlässigt mein Mann dieses »Ritual« eigentlich immer wieder. Ich habe ihn einmal darauf angesprochen, weil ich glaubte, er würde es nur vergessen. Seine Antwort: »Das ist mir durchaus bewußt, aber ich habe in meinem Leben schon genug Hände gewaschen!« Ich habe mich weder gewundert, noch geärgert, sondern gelacht: »Recht hast du – es hat wirklich gereicht!«

Ich war geradezu begierig darauf, beim Einkaufen, im Kaffeehaus, auf der Straße anderen zuzusehen. Ich habe im Bus die Handtasche, die ich immer als sehr schmutzig eingestuft hatte, auf meine Knie und Kleidung legen können,weil es die Dame gegenüber *auch* so machte. »Was die schafft, kann ich auch. Was der nichts ausmacht, das richtet bei mir auch nichts an.« So habe ich mich ermutigt. Ich habe eine Zeitlang beim Frisör, beim Arztbesuch oder im Kaffeehaus am liebsten Menschen beobachtet, um ihr ganz natürliches Handeln nachahmen zu können. Ich lernte, die Menschen zu kopieren und zu akzeptieren. Früher hatte ich Ihnen zugesehen, hatte sie beneidet und dennoch oft verurteilt.

Zum einen war es also das Vorzeigen des Therapeuten, das mir geholfen hatte, wieder das ganz normale Leben zu bewältigen. Zum anderen war es seine *sicherheitsvermittelnde Anwesenheit*, die mir den »zweiten Start« ins Leben ermöglichte. Bei den Übungen mit dem Therapeuten habe ich gewußt: Wenn etwas schiefgeht, wenn ich in eine zwanghafte Situation gerate, dann gibt es hier ein Sicherheitsnetz – wie beim Salto im Zirkus. Das Netz ist der Therapeut, der ein eventuelles Malheur wieder ausbügelt. Nicht durch Putzen und Waschen, im Gegenteil: »Wischen Sie dem Zwang eins aus, und nehmen Sie das bißchen Schmutz mit nach Hause. Trennen Sie nicht drinnen und draußen, es ist alles eins. Sie haben lange genug isoliert gelebt. Lassen Sie das Leben wieder in Ihr Haus!«

Ich habe durch das Üben mit dem Therapeuten gelernt, meine krankhaften falschen Überzeugungen zu verändern – seine guten Argumente waren die Sicherheit, die mir durch seine Anwesenheit gegeben wurde.

Mir ist beim Kontrollieren des Herdes nicht die Verantwortung durch die Anwesenheit des Therapeuten abgenommen worden. Aber er hat mir gezeigt, wie man mit so widerspenstigen Herdknöpfen umgeht: »Schauen Sie *einmal* aufmerksam hin, *trauen* Sie Ihren Augen und sich selbst. Und dann nichts wie weg vom Herd, kein Blick zurück! Das Gefühl der Unruhe und Ängstlichkeit wird jeden Tag besser. Sie müssen nur hart mit sich bleiben! Ihr Gefühl, das Sie hier täuscht, läßt die Heidplatten durchbrennen und die Wohnung in Flammen aufgehen. Verlassen Sie sich diesbezüglich nicht auf Ihre Gefühle, verlassen Sie sich auf Ihren Verstand, der Ihnen sagt: Ich kann meinen Wahrnehmungen trauen. Meine Augen sind so gut wie die anderer Leute auch.«

Ich werde versuchen, Ihnen mein therapeutenbe-
gleitetes Lernen anhand einer Tätigkeit zu erklären, die
zum ganz normalen Alltag einer Hausfrau gehört und
die mir durch die Zwangserkrankung, durch die so große Angst vor Berührungen zur täglichen Qual wurde:
das Einkaufengehen.

Was der Therapeut und ich damals machten, war
also – im verhaltenstherapeutischen Sprachgebrauch
ausgedrückt – eine Übung. Geübt wurde das ganz normale, nicht zwanghafte Einkaufen von Lebensmitteln
unter Anleitung des Therapeuten. Ein hilfreiches all-
tagsbezogenes Lernen war das.

Früher, vor vielen, vielen Jahren hatte ich es noch
gekonnt. Im Grunde genommen wußte ich schon, wie
man ganz natürlich einkaufen geht. Ich wußte wohl, daß
man einfach auch in Hauskleidung einkaufen gehen
kann; daß man für einen Einkauf nicht mit einem Paket
Feuchtigkeitstüchlein loszieht; daß man zum Einkauf
von ein paar Lebensmitteln nicht unbedingt ein Scheck-
heft braucht, um sich den Kontakt mit Geld zu ersparen;
daß man die Haltestange des Einkaufswagens überall
angreifen kann, nicht nur ganz am Rand, wo andere
nicht so oft hinfassen (und das natürlich ohne Handschuhe); daß man keine schützenden Schachteln
braucht, um den Kontakt der Waren mit dem Einkaufswagen zu vermeiden; daß alle Waren aufs Förderband
gelegt werden müssen, wohl wissend, daß nun »alles«
von der Kassierin mit ihren Geldhänden angefaßt wird;
daß es normal ist, mit »Einkaufshänden« die Wohnungstüre zu öffnen; daß zu Hause der gesamte Einkauf ohne
Reinigungsrituale eingeräumt werden kann; daß man
sich nach dem Einkauf, ordentlich müde von der Arbeit,
ohne weiteres erst einmal in der Sitzecke ausruhen
könnte, in Einkaufskleidung, ohne unbedingt gleich die

Hände waschen zu müssen. Warum auch nicht, es passiert ja nichts!

Ja, damals – vor mehr als zwei Jahrzehnten – hatte ich all das gekonnt. Heute – wer kann das fassen – kann ich es wieder. Dazwischen liegen Leidensjahre und – die Verhaltenstherapie.

___ Therapie / Kotherapie

Auf den folgenden Seiten habe ich keine exakte Trennung der Erinnerungen an meine eigene Therapie und der Erzählungen aus der Kotherapie vorgenommen. Eigentlich habe ich diese Form des Berichtens ursprünglich nicht beabsichtigt – es hatte sich einfach wegen des oft so verblüffend ähnlichen Erlebens ergeben. Deshalb habe ich in der Kotherapie wenig Schwierigkeiten. Meine Schützlinge erkennen mich erleichtert als eine der Ihren und somit als vertrauenswürdig.

Ich habe vor ein paar Tagen eine ehemalige Leidensgefährtin gefragt, was für uns wirklich das Problem ist; ich meine, speziell für uns Berührungsängste beziehungsweise Waschzwänge – nein, eigentlich kann man hierbei an die ganze Vielfalt der Zwangserkrankungen denken. Wir waren uns einig: Uns ängstigt das *unkontrollierbare Ausbreiten* unserer Zwangsbefürchtungen. Wir halten die Folgen unserer Nachlässigkeiten für *unabsehbar katastrophal.*

Eine eingeschaltete Herdplatte – das wäre möglich – aber welche Folgen hat sie?

Schmutz – ja , – aber wohin breitet er sich aus?

Gift – ich könnte eine Spur ertragen – aber wie kommen die, für die ich verantwortlich bin, damit zurecht?

Schuld – mag vorkommen – aber welche Folgen hat sie, welches Ausmaß nimmt sie an?

Wie kann man solch eine Haltung aufgeben, aus welchem Grunde auch immer man sie angenommen hat? Wie schafft man so etwas? Allein nicht.

Der Therapeut hatte mich während dieser ganzen ersten Einkaufs-Übung nie allein gelassen. Er hat meine ersten Gehversuche in Richtung Freiheit begleitet, mir mal ruhig, mal humorvoll, aber immer mit Respekt vor meiner Anstrengung über die Runden geholfen. Wir haben nach getaner Arbeit alle Details besprochen, die mir Unsicherheit bereiteten; zum Beispiel, daß auch der Therapeut bei sich zu Hause in der Übungskleidung sitzen werde; was die Frau des Therapeuten für Einkaufsgewohnheiten hat. (Er ist sicher ein passabler Hausmann, der Therapeut, aber manchmal mußten wir doch auf die noch größeren Erfahrungen seiner Frau zurückgreifen – meine sehr ins Detail gehende Wißbegier hatte ihn ab und zu überfordert ...)

Wir haben besprochen, wann ich Händewaschen »darf«, wann die Kleidung gewechselt werden kann. Wie man mit einer Wohnung zu Rande kommt, die nun nicht mehr so rein und sauber ist wie vor der Übung. Ja, ich wagte nicht einmal, ohne die Hilfe des Therapeuten zu entscheiden, wo am Abend die »beschmutzten« Kleider hingelegt werden, was gewaschen werden kann, was vielleicht nur gelüftet werden muß. Damals habe ich all diese Hilfestellungen gebraucht, und ich habe sie auch bekommen. Und wenn ich heute darüber schreibe, daß ich innerhalb der Therapie diese Dinge wieder lernen mußte, dann kommt mir das gar nicht komisch vor. Ich weiß, es war eine Krankheit, in der ich viel, viel Hilfe brauchte. Sie wurde mir gegeben.

Vielleicht sagen Sie jetzt sehr enttäuscht: Diese Frau

spricht fast nur von ihrer zwanghaften Angst vor »Schmutz«. Was hat das mit *meinen* Zwangsbefürchtungen zu tun? Lassen Sie sich nicht entmutigen. Wenn es auch unfaßbar viele Variationen im Erscheinungsbild der Zwangserkrankungen gibt – die Art der Therapie begründet sich auf einige wenige Grundsätze.

Ich kenne aus der Kotherapie eine Patientin, die unter Schuldzwängen leidet, das heißt, die Frau kann nicht die geringste Form von Schuldigkeit aushalten – so wie ich eben nach absoluter Sauberkeit trachtete. So kann also mein ständiges Streben nach möglichst großer Sauberkeit mit dem Bedürfnis verglichen werden, immer schuldfrei zu sein.

Ich mußte in der Therapie lernen, daß es keine »schmutzfreie« Welt gibt, denn dieser »Schmutz« kommt nun einmal von den Menschen, und was wäre eine Welt ohne die Menschen, die ich im Grunde genommen doch suchte? Unvorstellbar!

Die Frau mit dem Schuldzwang mußte lernen, daß es zum Menschen auch gehört, daß er schuldhaft ist, daß wir in anderer Schuld stehen, daß der Umgang mit Mitmenschen niemals ohne eine gewisse Schuldhaftigkeit vor sich gehen kann, sei es in materieller oder auch in moralischer Hinsicht.

In unseren Übungen mußten wir lernen, unseren »Schmutz«, unsere »Schuld« zu akzeptieren; aber wir durften auch lernen, daß dabei absolut gar nichts passiert – nicht einmal, wenn wir um der lieben Übung willen etwas über das übliche Maß hinausgingen, zum Beispiel, wenn ich auf mein heißersehntes Händewaschen verzichtete; oder, wenn die Patientin mit dem Schuldzwang, um zu üben, der Freundin aus der Packung eine Zigarette klaute, ganz frech und ohne sie zu fragen. Was für ein herrliches Gefühl von Freiheit nach dem jahrelangen demütigenden Bitten, Bedanken, Nachfragen und so weiter. Wie eine heitere Spitzbübin ist sie sich nach dieser Heldentat vorgekommen. »Darfst mir ein Scheinchen aus der Geldtasche klauen«, habe ich ihr gesagt, »ich schau gar nicht hin, ich werde es schon wieder einmal bekommen!« Es war eine Übung für sie, sogar eine gewaltige. Aber sie hat es geschafft, war befreit vom Zwang, nachdem sie zehn Jahre lang wegen jedem schuldigen oder nicht schuldigen Groschen Zwangsängste gehabt hatte.

Eigentlich immer mit großer Befriedigung denke ich an die »Übungsausflüge« zurück, die ich mit meinen »Zwangskindern« gemacht habe. Denn diese sehr unmittelbaren Auseinandersetzungen mit der Zwangsbefürchtung hatten nach anfänglich erheblicher Angst meist auch große Überraschung und Erleichterung mit sich gebracht. So bin ich einmal mit zwei Patienten in ein medizinisch-chemisches Untersuchungslabor gegangen, weil die beiden zwanghafte Angst vor der Ansteckung durch das Aids-Virus hatten. Das Zwanghafte an ihrem Verhalten war das in diesem Falle übliche Ritual des Waschens, Abwischens und Putzens.

Wie der Zwang hier maßlos die Phantasie anregen kann, habe ich bei einem der beiden Patienten immer wieder selbst erlebt. Ein kleiner roter Fleck auf dem Tischtuch im Restaurant verursachte große Unruhe: Ist es Aids-Blut oder ein Ketch-up-Fleck? Wir haben nach vorbereitenden Gesprächen über die Möglichkeit einer Ansteckung das Labor aufgesucht. Ich mußte unbedingt vorausgehen, um zu demonstrieren, daß das Betreten der Räume unbedenklich sei. (Die Vorstellungskraft des Zwanghaften läßt die Befürchtung zu, daß so ein Aids-Virus auch aus ein paar Metern Entfernung dahergeflogen kommen kann. Andrerseits wird nicht unbedingt die Infektion durch das Virus, sondern »nur« die Berührung und unkontrollierbare Ausbreitung gefürchtet – die Vorstellung über die Folgen kann recht diffus sein, sie ist aber immer bedrohlich.)

Eine Assistentin hat sich unser angenommen und ihre Sache ausgezeichnet gemacht. Sie hat uns eine Stunde lang an ihrem Laboralltag teilnehmen lassen. Ein Großteil ihrer Arbeit besteht darin, daß sie bei Patienten Blut abnimmt. Die Tatsache, daß sie seit über 20 Jahren in diesem »schauerlichen« Labor arbeitet und doch noch lebt, wirkte sehr überzeugend. Und ihr wohl sehr besonnener, aber durchaus normaler Umgang mit dem Ansteckungsproblem war für meine beiden »Schützlinge« eine Befreiung. Da wurden keine Gummihandschuhe getragen, denn: »Wenn ich an der Hand eine offene Stelle habe, dann klebe ich ein Pflaster drauf.« Zum gelegentlichen Händewaschen gibt es nur Wasser und Seife, keine Desinfektionsmittel (eine Zwangspatientin daraufhin, bereits lachend: »Meine Güte, wieviel Geld habe ich all die Jahre dafür verschleudert!«).

Wir machten eine Führung durch das Labor, wurden aufgefordert, auch mal ein Reagenzglas mit Blut von »irgendeinem« Patienten anzufassen. Belustigend und bewundernswert für mich, mit dem ehemaligen »Schmutzzwang« in Sachen Ausscheidungen Fremder, war die Demonstration am Ende des Besuchs. »Schau«, schmunzelt mir die Assistentin zu, »siehst du das Glas da auf dem Regal? In dem hatte einmal ein Patient seine Harnprobe gebracht. Ich fand es zu hübsch zum Wegwerfen, habe es ein paarmal ausgespült und – zur Vase umfunktioniert«. »Allerhand«, habe ich mir gedacht und: »Bei der kannst du noch was lernen!« Wir sind aus dem Labor hinausgegangen und waren alle drei sehr, sehr fröhlich und um ein großes Problem ärmer.

Mit einem Patienten war ich einmal in einer Straßenmeisterei. Kuriose Vorstellungen von Giften in Pflastersteinen hatten ihm das Leben vermiest. Auch hier hatte der Ausflug in die Mitte des Geschehens wahre Wunder bewirkt. Die Ausführungen eines sehr entgegenkommenden Werkmeisters – ich bin manchmal überrascht, wie zuvorkommend die Leute auf unsere »verrückten« Probleme eingehen und Hilfe leisten – und Berührungsübungen hatten zur Folge, daß es nach dem Abklingen von Anspannung und Angst förmlich zu hören war, wie meinem Patienten ein (Pflaster)Stein vom Herzen fiel. Ich habe ihn nach dieser Übung kaum wiedererkannt. Er war geradezu euphorisch. »Jetzt kann ich auch auf Urlaub fahren!« jubelte er. Was haben Pflastersteine mit Urlaub zu tun? Alles oder nichts. Einen Zwanghaften kann ein Pflasterstein verfolgen, auch wenn er Urlaub auf dem Nordpol macht!

Eine junge Mutter von zwei Kindern mit ganz argen Berührungsängsten habe ich einmal bei einem Kleiderkauf begleitet. Für die früher modebewußte Frau hätte das doch ein Vergnügen sein sollen. Doch für meine arme Zwanghafte war das seit vielen Jahren nicht mehr möglich. Ein Gefühl von *Schuld*, eigene Ausscheidungen in den probierten Kleidungsstücken zu hinterlassen, war das Zwangsproblem. Nach vorbereitenden Gesprächen mit dem Therapeuten und »Schritt für Schritt«-Berührungsübungen haben »wir« es dann geschafft. Erst war es noch Übung, dann beinahe ein Freudenrausch. In der Umkleidekabine flogen vor Begeisterung die Fetzen! Als Belohnung wurde gleich eine »Trophäe« mit nach Hause gebracht.

Ich erlebe viel Schweres und sehr viel Wunderbares, wenn wir ausrücken, um das Glück zu finden. Ich übertreibe nicht: Wenn man Zeuge sein darf, wie einem

Zwangskranken die Last von den Schultern fällt, dann ist man dabei, ein Wunder zu erleben. »Ein wenig risikofreudig muß man schon sein im Leben«, das sage ich immer zu den von mir Betreuten, wenn sich doch noch Bedenken melden. »Man kann sein Leben auch unter einem Glassturz verbringen, aber das ist halt furchtbar langweilig!«

»Das Lernen im Umgang mit Unsicherheit gehört zu den Strategien bei der Therapie von Zwängen«, schreibt Hans Reinecker (1991/1994).

Rund um diese Übungen wird alles in der Therapiestunde besprochen, so lächerlich es Außenstehenden auch erscheinen mag. Hier gibt es Unterstützung, Trost und Zerstreuung eventueller Unsicherheiten und Ängste.

Ich lese immer wieder, dem Zwanghaften komme durch seine Erkrankung, vor allem, wenn sie schon sehr lange dauert, das Gefühl für normales Handeln abhanden. Ich sehe das nicht unbedingt so. Viele wissen im Grunde sehr wohl, wie »man« etwas macht, ob etwas schmutzig, giftig, gefährlich, wahrhaftig, schuldbeladen und so weiter ist. Aber die Zwangsangst blockiert normales Verhalten, Denken und Empfinden. –

Nun aber hatte ich einen Helfer an meiner Seite, konnte mich an ihm orientieren, ihn die unmöglichsten Dinge fragen, ohne mich auch nur ein ganz klein wenig zu schämen. Ich wußte, weil ich vertraute, daß das neue Handeln keine bösen Folgen haben werde; daß meine neue »verschmutzte« Wohnung mir eines Tages mehr Freude und Lebensperspektiven verschaffen werde als mein bisher sauberes Gefängnis.

Noch einmal gab es einen Einkauf in Begleitung – der erste war so neu, so verwirrend – ich brauchte eine Wiederholung. Der Therapeut mußte selbst Lebensmittel besorgen, ich durfte ihn begleiten. Ich habe ihm auf die Finger geschaut und gelernt. Wie er den Schnittlauch ohne Verpackung in den Einkaufswagen geworfen hat mit den Worten: »Mögen Sie auch so gerne Schnittlauch?« Raffinierter Bursche! Natürlich mag ich Schnittlauch gern, aber *mit* Verpackung! Ich habe das nicht vergessen, ich werde es nicht vergessen, es war so wichtig für mich!

Oder dies: Der Therapeut hatte zum Einkauf einen gebrauchten Pappkarton für sechs Flaschen Bier mitgenommen, von zu Hause, zum Wiederverwenden. Er hatte gar nichts gesagt, mir nur »vorgearbeitet«. Also sechs »saubere« Flaschen Bier in den alten »schmutzigen« Karton, sonst gar nichts. Was gehen einem »Zwängler« da für Gedanken durch den Kopf? Ein alter Karton, zu Hause aufbewahrt, wo wohl? Im Küchenkasten? Alles kontaminiert, Karton mit zum Einkauf, Auto verunreinigt, Hände schmutzig, Flaschen schmutzig ...

Niemals hätte ich es allein gewagt, so etwas zu tun. Was habe ich alles weggeworfen, Altes und Neues, um Sauberkeit zu bewahren. Am wiederverwendeten Pappkarton habe ich vieles gelernt. Nicht nur hier im Geschäft, indem ich den Therapeuten so selbstverständlich handeln sehen konnte, sondern später auch – etwas allgemeiner gehalten – im Gespräch in unzähligen Therapiestunden.

Wir haben viel über die Menschen gesprochen, über ihre natürliche Körperlichkeit und daß man diese nicht zu fürchten brauche. Über den »Schmutz«, der uns Menschen eigentlich verbinden und uns nicht trennen soll, der uns alle gleich macht; daß ich im Sinne des Zwanges eigentlich nichts zu fürchten brauche; daß es auf der Welt keine absolute Sicherheit gibt. Eigentlich sollte ich überhaupt versuchen, das Streben nach dem Absoluten aufzugeben – in den Wechselfällen des Lebens, in den Beziehungen, im Streben nach Sauberkeit; daß ich lernen sollte, mich mit »Relativem« zufrieden zu geben. Nichts im Leben ist hundertprozentig! Daß ich den Schmutz annehmen und akzeptieren soll. Aber – um auch mit der Wut auf die Krankheit fertig zu werden – daß ich mich vom Schmutz nicht tyrannisieren lassen soll. –

Diese beiden ersten Übungseinkäufe habe ich in der Folge zu wiederholen versucht. Allein und somit noch sehr unsicher, starr und ängstlich. Da war ich noch so unbeholfen, daß ich die ersten Male praktisch die gleichen Waren eingekauft habe. Hatte ich beim Einkauf mit dem Therapeuten Margarine gekauft, dann war ich allein kaum imstande, Butter zu kaufen – so schwer fiel mir das zwangsfreie Handeln noch.

Keine Sorge, das wird schon – die Butter kommt auch noch dran! Ich habe kleine Fortschritte gemacht, alles Handeln war noch äußerst bewußt, nichts selbstverständlich.

Aber bald stellte sich eine erfreuliche Entwicklung ein. Ich verspürte Freude am Üben, ja sogar eine gewisse Neugier: Wie wird es heute abgehen, vielleicht wieder etwas leichter, bald kann ich es wie andere Hausfrauen auch. Vielleicht ergeben sich aber auch Schwierigkeiten, weil ich heute nicht so gut drauf bin – macht nichts, ich kann alles in der nächsten Therapiestunde besprechen.

Ich habe Ihnen vom Einkaufenlernen erzählt. Da gab es ein weiteres Kapitel in meinem Zwangsleben, mit dem ich die größten Schwierigkeiten hatte: die Straße oder auch der Boden außerhalb der eigenen Wohnung. Da lauerten für mich Gefahren in Form von Schmutz, das heißt, daß ich auch hier die Ausscheidungen der

69

andern in einem Ausmaß fürchtete, das für Zwangskranke typisch und ganz unrealistisch ist. Dort, wo andere nichts bemerken konnten, sich überhaupt keine
Gedanken machten, von dort kamen für mich die Be-
drängungen. Also ja nicht auf der Straße hinfallen (eine
ständige Angst im Winter bei Eis und Schnee); nie etwas
auf der Straße abstellen, und wenn es noch so erleich-
ternd gewesen wäre; Angst, bei Regen auf der Straße zu
gehen – Wasserspritzer könnten meine Beine beschmutzen; Angst, von Herbstblättern, die der Wind durch die
Straßen fegt, berührt zu werden; Angst vor dem Kontakt
mit Hundeschnauzen – sie berühren die Straße; Angst
vor der Begegnung mit kleinen Kindern, die Luftballons
in der Hand tragen – die Ballons könnten Straßenkon-
takt gehabt haben; große Angst, daß mir jemand versehentlich auf den Schuh steigt – wie bekomme ich den
»Schmutz« wieder herunter? Aber vor allem: Es darf
nichts auf die Straße fallen, kein Schirm, keine Handschuhe, kein Geld, keine Handtasche, sonst konnte ich
mich gleich davon verabschieden. Hoffentlich sieht
mich niemand, wenn das passiert ist, sonst läuft er mir
noch damit nach ... Meine Stadtbesuche waren wirklich
kein Vergnügen! Wie oft ist in der Therapiestunde von
der Straße gesprochen worden, von meinem zwanghaften Straßenverhalten, von der Notwendigkeit, mich
auch hier mit dem »Schmutz« abzufinden.

»Was ist, wenn ...?« – so habe ich oft angstvoll gefragt.

Mir ist in der Therapiezeit die Handtasche zweimal
auf die Straße gefallen, nach der Therapie einmal. Ich
weiß nicht, wie dumm ich es angestellt hatte, daß mir
das passierte. Oder hatte das Wunschdenken des Therapeuten Einfluß auf das »Malheur«!

Das erste Mal geschah »es« bei der Übung mit dem

Therapeuten in einem Zug. Sie kennen die Situation ja sicher auch: Wenn man besonders vorsichtig sein will, dann passiert bestimmt das Ungewollte. Jedenfalls fiel mir die Handtausche auf den Boden, haargenau vor einem Zug-WC. So, jetzt haben wir's! Ich bin ganz starr vor Schreck. »Was ist alles drin«, geht es mir durch den Kopf, »kann ich den Inhalt der Tasche notfalls entbehren? Die Tasche sowieso!« – Mir war ja gar nichts aus der Handtasche herausgefallen! Aber war das ganz sicher? Hundertprozentig sicher? Oder ist der »Schmutz« vielleicht sogar in die Tasche geschlüpft? Wer weiß! Der Zweifel, der ständige Begleiter des Zwanghaften, und das Verlangen nach absoluter Sicherheit haben hier wieder mitgemischt! Ledertaschen hatte ich damals nie, nur aus Plastik – man kann sie besser abwischen und ohne allzu große Verluste wegwerfen.

»Was machen Sie denn da? Ist das eine Extra-übung?« Lachen habe ich damals wirklich noch nicht können über mein schreckliches Mißgeschick. Aber daß der Therapeut in dieser Situation neben mir gestanden ist, mir zugeschaut hat, wie ich die Tasche vom Boden aufklaube, mein Erlebnis nicht als Katastrophe bewertet hat, obwohl er doch wußte, was für ein feindliches Verhältnis ich zum Boden habe, das hatte mir soviel Sicherheit gegeben, daß ich recht gut über die Runden gekommen bin. Ich »durfte« die Tasche samt Inhalt behalten, wir haben besprochen, wie man mit solch einer Situation fertig wird, genau bis ins kleinste Detail.

Ich wußte: Ich habe heute wieder sehr viel gelernt, nicht nur über den Umgang mit einer hinuntergefallenen Handtasche. »Die Straße, der Boden können staubig sein, naß, schneematschig, schmutzig und auch leicht ekelerregend. Sicher, das alles kann Ihnen hier begeg-

nen, aber es ist nichts, was Sie zu fürchten brauchen.«
Und jetzt kommt ein Satz aus der Therapiestunde, der
mir lange Zeit eine große Stütze war, ein Leitfaden in
meiner noch zwanghaften Welt: »Gehen Sie auf der Straße und auch im Leben *den* Weg, den *Sie* gehen wollen,
und nicht *den, den Ihnen der Zwang diktiert!*«

Die zweite »Handtaschen-Übung« machte ich vor
einer Therapiestunde auf dem Weg zur Praxis. Der
Schreck war schon nicht mehr so groß, obwohl ich diesmal allein war, ohne die sicherheitsvermittelnde Gegen-
wart des Therapeuten. »Das trifft sich gut, daß mir das
gerade jetzt passieren muß«, dachte ich mir, »da kann
ich mir in der Therapiestunde gleich Rat und Sicherheit
holen«. Das war der erste Gedanke. Aber dann habe ich
mir schon überlegt: »Wie würde ich mich verhalten,
wenn ich jetzt nicht gerade zur Therapiestunde ginge
oder wenn der Therapeut auf Urlaub wäre? Wir haben
diese Situation ja schon zusammen erlebt und besprochen.«

Und da habe ich zum ersten Mal den Ehrgeiz, ja
auch die Freude verspürt: Ich kann mit einem früher so
gefürchteten Erlebnis vielleicht schon allein fertig werden. Ich habe die Handtasche aufgehoben, sie flüchtig
angesehen, den Staub mit einem Papiertaschentuch ab-
gewischt und bin stolz zur Therapiestunde geeilt. Hier
gibt´s Lob, das wußte ich, und wer mag das nicht gerne?
Ich habe mich verhalten, wie alle anderen auch, und
trotzdem war das bei mir etwas ganz anderes. Ich konnte mich jetzt »richtig« verhalten, weil ich das bei »meinem« Therapeuten in vielen Stunden gelernt hatte.

Das dritte Mal fiel mir die Handtasche vor wenigen
Monaten auf die Straße, sie ist mir vom Fahrrad herun-
tergefallen. (Seit der Therapie »darf« ich wieder radfah-
ren.) Wie es eben oft sein muß, ist der Verschluß der Ta-

sche aufgesprungen, und all die Schätze, die ich früher nie drin hatte, sind auf das Pflaster gerollt: Kamm, Lippenstift, Puderdose ...

Wenn mir *jetzt* jemand zugesehen hatte, dann hat er sich sicher gedacht, daß ich mich in dieser Situation wiederum ein wenig merkwürdig verhalte. Ich habe nämlich beim Einsammeln vor mich hingelächelt. Ich war erfüllt von solch einem glücklichen Gefühl, das war ein sekundenschneller Rückblick auf die früheren, furchtbaren Zeiten und meine herrliche befreite Situation jetzt. »In deinem Leben gibt es keinen Zwang mehr, spürst du das? Bist du dir dessen bewußt?« Ja, ich habe es gewußt, in diesem Augenblick habe ich es wieder einmal ganz intensiv gefühlsmäßig erfahren.

Ich habe diese Woche mit einem Patienten gesprochen, der mir von einem sicher ähnlichen Glücksgefühl beim Staubsaugen erzählte. Nicht, weil er ein an sich begeisterter Hausmann wäre, sondern weil er diese Arbeit sonst immer so angstbesetzt machen mußte. Das sind Glücksgefühle in Situationen, in denen andere sich verwundert fragen: »Was gibt es hier zum Glücklichsein? Da müßte mir das Leben schon anderes bieten, um zu solchen Gefühlen fähig zu sein!«

Zwangskranke auf dem Weg zum Gesundwerden, einstige Zwangskranke haben den »Normalen« etwas sehr wesentliches voraus: Sie können die kleinen Dinge des Lebens oft sehr bewußt und dankbar erleben.

Die Suche nach der neuen Identität

»Die Wandlung vom Zwanghaften zum Nicht-zwanghaften ist wie die der Raupe zum Schmetterling». Die Vorstellung ist schön. Diese Wandlung hatte der Therapeut mir in Aussicht gestellt, als Belohnung für die Plagen der Therapie.

In Wirklichkeit gestaltete sich dieser Prozeß dann beinahe dramatisch. Ich hatte 27 Jahre Zwänge, war dann ohne Symptome, somit *ohne Identität.*

Eineinhalb Monate nach Therapiebginn schreibe ich bereits in mein Tagebuch: »Ich habe Identitätsprobleme, ich finde mich überhaupt nicht mehr zurecht, ich suche meine Persönlichkeit. Nicht einmal der Meditationstext stimmt mehr. Da steht: Der Schmutz wird mein Bruder. – Da ist was nicht richtig, das muß heißen: Der Schmutz *ist* mein Bruder.«

Nach einer Angstattacke, die mir im nachhinein ein wenig peinlich war, beruhigte mich der Therapeut: »Menschen mit Zwängen sind nicht hysterisch.« Ich war froh. Nicht, weil man mich für *nicht hysterisch* hielt, sondern, weil ich noch als *Zwangspatient* bezeichnet wurde. Da fühlte ich mich sicher, da kannte ich mich aus.

Acht Monate nach Therapiebeginn war ich dann in eine massive existentielle Angst geraten. Das war am Abend eines sehr erfolgreich verlaufenen Tages. Erfolgreich in bezug auf die Familie, die Therapiestunde, die Bewältigung der Zwänge. Und nun war ich plötzlich zwangsfrei! Ich bin in großer Unruhe in der Wohnung auf- und abgegangen, habe meinen Mann zu Hilfe geholt. Ich wußte nicht, was mit mir vor sich ging.

Ich kann es in der Erinnerung nur so beschreiben: Es *fehlte* mir etwas. Ich befand mich im Niemandsland. Es war im wahrsten Sinne des Wortes zum »Aus-der-Haut-

Fahren«! Kein Zwang wollte sich einstellen! Ich begann
meine Übungen durchzuprobieren – bis sich zum Glück
doch wieder eine zwanghafte Haltung einstellte. Dies
geschah reichlich komisch-lustig. Ich habe mir gedacht:
»Probier' es aus und setz' dich mit der Stadtkleidung
auf den WC-Deckel. Das mochtest du doch nie so gern!«
(Das WC mußte wegen des Hautkontakts immer »extra
sauber« sein.) Ich setze mich also drauf und entdecke
den Zwang: den unangenehmen WC-Deckel-Kleider-
kontakt. Ich sitze auf dem Deckel der Toilette und rufe,
als wäre Weihnachten: »Ich hab' wieder einen Zwang!«

Zuvor war ich völlig hilflos gewesen – ich stand
ohne Persönlichkeit da. Ich hatte gelernt, den Zwang zu
befriedigen, dann mit ihm fertig zu werden, aber dieser
Entfremdung vom eigenen Ich stand ich fassungslos gegenüber. Den Zwang habe ich dann begrüßt wie einen
alten Bekannten. Ich wußte wieder, wer ich war.

Nicht so beängstigend, aber auch sehr mühsam war
das Zwischenstadium: Der ständige Wechsel zwischen
Zwanghaftigkeit und relativer Zwangsfreiheit. Der Therapeut hatte meinen Zustand mit einer alten Landkarte
verglichen: »Die Häuser sind nicht an der richtigen Stelle eingezeichnet, die Wege stimmen nicht. Eine neue
Karte muß von Ihnen gezeichnet werden. Das ist mühsam und anstrengend, physisch und psychisch, aber da
müssen Sie durch«.

___ Gedankliche Hilfestellungen für eine neue
    Beziehung zum Schmutz

Eines Tages klage ich dem Therapeuten: Jetzt habe
ich sicher schon an die 200 Male die früher unberührbare
Klinke unserer Haustüre angefaßt und noch immer ist

mir dies unangenehm bewußt. Ich schaffe das jetzt zwar, brauche keinen Trick mehr, um ohne Klinkenkontakt hinauszuschlüpfen, ich möchte mir auch gar nicht nach der Berührung die Hände waschen, aber es stellt sich fast immer das störende Gefühl ein: Ich habe eine Klinke angefaßt. »Handeln und Aushalten« konnte das Problem nicht befriedigend lösen. Ich brauchte hilfreiche Gedanken dazu.

»Sind doch ganz nette Menschen, die da ein- und ausgehen«, war der Vorschlag des Therapeuten. Liebenswerte Leute also, nicht gefährliche, die mir Angst machen wollen. Oder: »Ist doch nur eine ganz simple Türklinke, du blöder Zwang, hör endlich einmal auf, an allem herumzunörgeln und etwas Bedrohliches und Negatives zu sehen!«

Der wichtigste und schwerste Schritt in der Therapie ist »es zu tun und auszuhalten«. Erstmalig Handlungen zu setzen, auch Gedanken zuzulassen, die die bisherige scheinbare Sicherheit über den Haufen werfen; die oft in wenigen Augenblicken das ganze Luftschloß an Illusionen zusammenbrechen lassen. Das heißt: Die ganze früher so saubere Wohnung ist »versaut«, verseucht; das Haus wird brennen; in meinem einst so geordneten Heim herrscht hoffnungsloses Chaos; meine zuvor reinen Bücher sind kontaminiert, ich kann nie wieder daraus lernen; man wird mich in den Schuldturm stecken, mein Ansehen und meine Ehre sind im Eimer; ich habe mich schuldig gemacht, ich habe heute jemandem aus einer unsauberen Tasse Kaffee gereicht ...

In der Anfangszeit der Therapie war jedes neue Handeln für mich so verwirrend, daß gedankliche Hilfestellungen eine Überforderung gewesen wären. »Die Therapie ist ein Ganztagsjob, die Kopfarbeit ist so enorm«, schreibe ich in mein Tagebuch.

Ich sehe mich noch im Beisein des Therapeuten in der Bahnhofshalle stehen, in diesem Getümmel von Menschen, zum ersten Mal wieder seit unzähligen Jahren. Daß es Bahnhofshallen gibt, Züge, in denen Menschen verreisen – diese Welt war mir schon längst abhanden gekommen. Ich sollte mit dem Finger auf der Informationstafel die Abfahrtszeit des Zuges heraussuchen. Jeder Fahrschüler kann das. Ich konnte es nicht. Mein Finger war unbrauchbar geworden, nur daran mußte ich denken. Mein Kopf war durch das »Schmutzeinsammeln« vollkommen ausgelastet. (Wohlgemerkt, das waren eigentlich immer ganz »normale« Schmutzmengen, »Standard«, wie es eine der von mir Betreuten immer nannte und auch forderte. Sie hielt nichts von Übungen »über das Maß«, wohl auch wegen ihrer großen Normunsicherheit, und wir haben uns ihrem Wunsch entsprechend beim Üben verhalten. »Eine Einübung normalen Verhaltens in konkreten Lebenssituationen«, fordert N. Hoffmann, 1994.)

Doch bald wurde das Bedürfnis nach *Gedanken* zum neuen Handeln groß. Es tat gut, neue *Erkenntnisse* zu gewinnen, warum mein jetziges Tun, das mir noch große Schwierigkeiten bereitete, unbedenklich sei. Ich brauchte hilfreiche Gedanken, *warum* ich mich jetzt *so* und nicht mehr wie früher verhalten sollte. Sie haben vielleicht von Franz von Assisi gehört, dem alles auf der Welt Bruder und Schwester war, nicht nur der Mond und die Sonne, die Blumen und Vögel, sondern auch die Kranken, die Verwahrlosten und sicher auch all das, was zum Menschen gehört, also auch mein »Schmutz«. Dieses Annehmen des »Bruder Schmutzes« hat mich wieder zu den Menschen geführt.

Es liegt wohl an die fünf Jahre zurück, aber ich kann mich an diese Therapiestunde erinnern, als ob sie gerade

77

erst stattgefunden hätte. Da wurde mir gesagt: »Wenn es Ihnen gelingt, den Schmutz als Bruder aufzufassen, dann sind Sie übern Berg.« Ich weiß noch genau, wie mir damals zumute war. Es war ein erlösendes Gefühl der Ruhe und Erleichterung, das mich da überkam. Ich wollte nicht mehr gegen den Schmutz kämpfen, ich wollte mich mit ihm versöhnen, um wieder mit den Menschen leben zu können.

Ich mußte mir einmal in einer Therapiestunde Hilfe holen, weil ich auf dem Klinikgelände für mich allzu nahen Kontakt mit einem Kranken der psychiatrischen Abteilung hatte. Ich war mit ihm ins Gespräch gekommen, da wollte er mir ständig dankbar die Hand schütteln. Seine Erkrankung hatte meine Akzeptanz des Kontaktes beeinträchtigt: Ich hätte mir gerne die Hände gewaschen. Es war Unsicherheit dabei. »Auch im Kranken den Bruder sehen«, wurde ich ermuntert. Solche Gespräche vergißt man nicht. Aus einer geglückten Therapie geht man allgemein bereichert hervor.

Ich habe gelernt, mich mit meinem großen Feind »Schmutz« anzufreunden, mit ihm Gespräche zu führen, seine Existenz nicht mehr als Riesenbedrohung anzusehen, sondern als ganz natürlich zum Menschen gehörend. Er ist ein Partner in meinem Leben geworden, den ich akzeptieren kann, der mich nicht mehr verzagen läßt, auch wenn er einmal etwas über die Stränge schlägt.

Der Therapeut hatte mir hilfreiche Gedanken auf Karten geschrieben, sie mir zunächst in der Therapiestunde vorgelesen. Ich habe diese Gedanken zwischen den Übungen eingesetzt, wann immer ich das Bedürfnis dazu hatte, aber vor allem in der Konfrontation.

»Es ist nichts, was ich zu fürchten brauche«, als ich zum ersten Mal wagte, die Türklinke einer Toilette außerhalb meiner Wohnung anzufassen. (Seit vielen Jahren konnte ich nur mehr eine Toilette benutzen: die bei mir zu Hause). »Ich lächle sie alle an«, hatte der Therapeut mir vorgesprochen, »die ungeputzte Türklinke, die staubigen Schuhe, den Urinspritzer am Klo. Ich brauche sie nicht zu fürchten, wir bestehen alle aus den gleichen Molekülen: die eine und unzertrennliche Schöpfung Gottes.«

Dieses Anlächeln wirkt Wunder, man muß es auf dem Gesicht spüren – fühlen, wie das Lächeln Angst und übermäßigen Ekel vertreibt.

»Der Umgang mit dem Schmutz ist ein unendliches Spiel – kein Kampf zwischen Gut und Böse.«

Als Hausfrau sehe ich das heute doch eher als Plage, diesen ständigen Kreislauf zwischen sauber und schmutzig; aber immerhin höchstens als lästig, niemals aber als bedrohlich. Damals hatte ich das »Spiel« wörtlich genommen und auch spielerisch versucht, dem Zwang beizukommen: Mit Geldhänden und nach Musik tanzend habe ich in der Wohnung alles kontaminiert, was mir früher heilig war: die Bettwäsche, die Vorhänge, den Teppichboden.

Ich sehe in kognitiven Strategien äußerst brauchbares Werkzeug zum Abbau der Zwänge. Dieser Einsatz von unterstützenden Gedanken ist nicht jedermanns Sache, doch wenn ich in der Kotherapie feststelle, daß der Patient ein Gefühl dafür hat, dann bin ich froh für ihn. Auf jeden Fall erhöhen sie die Motivation, die Bereitschaft zu konsequenter Konfrontation, wurde mir in der Therapie erklärt.

Ich wollte nicht mehr üben und mich dabei unnötig sorgen, ängstigen und verunsichern lassen. Der Zwangsgedanke und die Zwangsangst möchten sich immer sehr schnell im Kopf festsetzen und das große

Wort führen. »Immer mischt er sich ein und flüstert mir etwas ins Ohr«, so hat das eine Patientin geschildert. Da ist es gut, wenn man gleich eine Antwort bereit hat, die nimmt dem Zwang die Schärfe, man fühlt sich ihm nicht hilflos ausgeliefert.

»Der Umgang mit dem Schmutz hat mit der Liebe zu den Menschen zu tun«, war mir gesagt worden. Aber auch: »Ich lasse mich vom Schmutz nicht tyrannisieren!« Ich habe beides gelernt: Durch die Furchtlosigkeit vor dem ganz normalen Schmutz kann ich die Menschen wieder gern mögen, aber sie ermöglicht mir auch eine gewisse Wehrhaftigkeit gegenüber Menschen, wenn es nötig ist. Früher habe ich mir in schwierigen zwischenmenschlichen Situationen gedacht: »Halte dich zurück, exponiere dich nicht. Du wirst ohnedies für etwas schwierig und merkwürdig gehalten. Du sitzt am schwächeren Hebel. Außerdem, was tust du, wenn dir dein Gesprächspartner in der Hitze des Gefechts zu nahe kommt oder dir gar begütigend die Hand auf die Schulter legt?« Nur keine Nähe, nicht im Guten, schon gar nicht in der Auseinandersetzung. (Dabei hatte ich solches Bedürfnis nach menschlicher Nähe und Kontaktmöglichkeit. Als ich in der Therapie wieder das Straßenbahnfahren gelernt hatte, wie mußte ich voll Neid die unbekümmerten »schmutzigen« Mütter beobachten, die mit ihren ebenfalls »schmutzigen« Kindern auf dem Schoß dasaßen und sich von ihnen umarmen ließen. Aus eigener leidvoller Erfahrung und aus dem, was ich als Kotherapeutin erlebe, möchte ich etwas sagen, das mir sehr wichtig erscheint: Wenn Sie wirklich durch Zwänge behindert sind und andererseits planen, einmal Kinder zu haben, dann sollten Sie eigentlich Motivation genug mitbringen, mit den Zwängen aufzuräumen. Kinder können unter zwanghaften Müttern und Vätern sehr zu leiden haben.)

Aber noch einmal zurück zur »Tyrannei durch den Zwang«. Wut ist ein sehr befreiendes Gefühl gegenüber dem Zwang. Am Ende eines Tages voller Zwangsgedanken, da platzte mir einmal der Kragen. Zum Glück allein in der Wohnung, konnte ich wüten, schreien und die mich bedrängenden Gegenstände um mich werfen. Ich habe mich gut gefühlt und befreit.

Und wenn es einem gelingt, diesen Tyrannen gar nicht mehr ernst zu nehmen, dann ist das wohl das Beste. Dann kann man ihn auslachen, sich über ihn lustigmachen – der Zwang mag sowas gar nicht. Denn er ist ein aufgeblasener und feiger Bursche, der sich nur dort mächtig zeigen kann, wo er auf keinen wirklichen Widerstand stößt. Ein Wichtigtuer ist er, dem man sehr wohl den Boden unter den Füßen wegziehen kann. »Schau, jetzt liegt er unterm Tisch und wimmert«, sagen wir manchmal beim Üben, wenn wir erfolgreich sind, und lachen schadenfroh.

Mir war vor der Therapie das Lachen abhanden gekommen, ich wußte kaum noch, wie das ist. »Ich kann wieder lachen«, schreibe ich im zweiten Therapiemonat in mein Tagebuch. »Ich hätte da noch ein Problem«, sage ich zum Therapeuten am Ende einer Stunde. Eigentlich sollte ich schon bei der Türe draußen sein. »Ja bitte, aber schnell«, runzelt mein Gegenüber die Stirne. »Ich bekomme Lachfalten!« Ist das herrlich, wenn man schon so weit ist.

Wenn ich einmal von mir absehe und daran denke, was ich die letzten drei Jahre an Kotherapeutentätigkeit erlebt habe – und dann bin ich wirklich sehr hautnah am Geschehen – dann bleibe ich dabei: Es gibt Hilfe. Ich habe Patienten gesehen, da habe ich mir gedacht: »Das gibt es einfach nicht! So einer starken Zwanghaftigkeit bin ich noch nie begegnet. Kann da noch geholfen werden?« Ich selbst konnte nicht dran glauben. Und auch solche Patienten habe ich wieder lachen gesehen, auch sie haben wieder Sinn im Leben gefunden. Und wenn es »nur« das ist, nicht mehr allein zu sein und verstanden und unterstützt zu werden. Wäre das nicht auch schon sehr viel?

Ich habe einmal im Verlauf der Behandlung den Therapeuten – etwas zaghaft und ängstlich aus Furcht vor der Wahrheit – gefragt: »Ist das eine schwere Zwangserkrankung, an der ich leide?« Dieser lächelte vorsichtig: »Eine, bei der der Therapeut schon die Ärmel hochkrempeln muß.« Das hat er getan – ich danke ihm.

___ Der Therapeut

Wenn man mich heute nach dem Therapeuten fragt, finde ich kein Ende des Lobes. Während der Therapie hätte ich ihn manchmal am liebsten vom Stadtturm hinuntergeschubst. Allerdings hätte ich mich zuvor vergewissert, ob wohl unten das Sprungtuch gespannt sei. Ich habe ihn doch noch gebraucht! Immerhin ist daraus ersichtlich, daß es manchmal auch Krisen in der Beziehung gegeben hat, eigentlich ausschließlich dadurch bedingt, daß meine Forderungshaltung zu groß war. Heute, bei meinem Job als Kotherapeutin, kann ich ihn sehr gut verstehen.

Damals, als sehr leidende, sehr abhängige Patientin, habe ich die Begrenztheit der Hilfestellung nicht immer einsehen wollen. Die Zeit hat die Krise geheilt, ich glaube, ich habe damals schon gelernt, etwas bescheidener zu werden. Zuwendung, Achtung, Verständnis, Lob, viel, viel Anerkennung wird vom Therapeuten verlangt. Zu jeder Zeit das rechte Wort, Humor – aber bitte nur im richtigen Moment lachen – wird erwartet. Dann wieder Ernst und sehr viel Mitleiden – mir wird heute noch schwindlig, wenn ich die Forderungsliste an den Therapeuten aufstelle.

Im Laufe der Therapie habe ich die Erfahrung gemacht, daß kleine Krisen oder auch nur immer wieder auftauchende Meinungsverschiedenheiten die gute Beziehung *an sich* nicht gefährden können. Da habe ich das wichtigste gelernt, nämlich, daß man darüber auch mal lachen kann. Der Therapeut ist halt auch nur ein Mensch – das mußte ich akzeptieren lernen.

Obwohl sehr verläßlich und zur vereinbarten Zeit immer anwesend, habe ich leichte Unpäßlichkeiten des Therapeuten mit Mißbehagen registriert. »Heute wegen Erkrankung keine Ordination.« Solch ein Hinweis an der Praxistür hätte mich äußerst beunruhigt. Was, wenn ...

Es hat in der Therapie ein Stadium gegeben, da hatte ich das Gefühl: Ich bin jetzt an einem Abschnitt angelangt, da kann ich weder vor noch zurück. Ich kann nicht mehr die Frühere sein, und ich habe noch nicht Kraft genug, um allein weiterzukommen.

Die Urlaubszeit des Therapeuten dauerte für mich lange genug. Ein gut Teil meiner Sicherheit hatte er in dieser Zeit mit sich genommen. (Eine gute Hilfe für die leichtere Überbrückung dieser zwei bis drei Wochen waren Übungen, die mir der Therapeut in Form von Hausaufgaben ins Tagebuch schrieb. Da hatte ich jeden Tag ein Programm zu erledigen und fühlte mich nicht so allein gelassen.)

Kleine Unaufmerksamkeiten seitens des Therapeuten während der Therapiestunde, Anzeichen von Müdigkeit konnten mich schon verunsichern. Ich habe den Therapeuten während der Stunde einmal heimlich und sehr verklemmt gähnen gesehen. Da hat er mir beinahe leid getan – was war ich doch für ein Tyrann!

Scheinbar weniger Aufmerksamkeit und Zuwendung als sonst haben schon genügt, um meinen Therapiewillen und Glauben an Erfolg zu mindern. Meine Anspruchshaltung war so groß, daran kann ich ermessen, wie unsicher ich mich damals noch fühlte. Das war so ausgeprägt, daß ein Therapeut nach kräftigem Haarschnitt beim Frisör, also auch äußerlich leicht verändert, bereits zur Verunsicherung beitrug. Es ist nicht alles beim Alten. Es genügte doch, daß *ich* mich verändern mußte, der Therapeut wenigstens sollte immer gleich bleiben. *Er* sollte der ruhende Pol in diesem aufregenden, unsicheren Unternehmen sein. Ich mußte so viel aufgeben, um *Neues* zu gewinnen!

Dieses Suchen von Sicherheit und die Abhängigkeit vom Therapeuten waren zum Glück nicht von Dauer. Denn dieser Zustand war auch für mich belastend. Die Aufforderung zu ganz neuem Handeln und Denken verlangt nach viel Halt. Aber dieses Geben von Hilfe und Sicherheit hat natürlich seine Begrenztheit auf seiten des Therapeuten. Wie unsagbar schwer war es für mich an manchen Tagen, die Praxis zu verlassen und wieder allein in den zunächst so feindlichen Alltag zu gehen. »Blicken Sie freundlich auf allen ›Schmutz‹, der Ihnen am Heimweg begegnet«, hatte mir der Therapeut das Weggehen erleichtert.

Diese Abhängigkeit war aber auch von Nutzen. Sie ermutigte und motivierte zum neuen Handeln. »Ich möchte gerne zu Ihnen kommen, um mir wieder einige Löffel stärkender Kraftbrühe zu holen«, so habe ich das umschrieben, wenn ich das Bedürfnis hatte, meine Si-

cherheit aufzufrischen und deshalb um eine Therapiestunde bat.

Ich habe über den Therapeuten gesprochen, über
die Probleme, die er mit mir und ich mit ihm hatte. Hier-
her paßt die Frage nach der *Verfügbarkeit* des Therapeuten auch außerhalb der Therapiezeit. Ich darf sagen, die
war immens. Vor allem hinsichtlich meiner Telefonanru-
fe. Da war ich wirklich nicht besonders zurückhaltend.
Nur einmal hat er ernstlich protestiert, da hatte ich zu
Hause angerufen: »Frau S., Sie wissen schon, was heute
ist?« (Es war nämlich Ostersonntag Vormittag.)

Aber sonst habe ich unheimlich viel Hilfestellung
am Telefon erfahren. Sei es,weil ich meinen Sohn mit viel
schmutzigem Gepäck aus Süditalien erwartete und
mich dieser Situation nicht gewachsen fühlte. »Wenden
Sie Ihre Strategien an: Umarmen Sie den Schmutz, treten
Sie den Schmutz, sagen Sie: ›Ich mag diese Wäsche nicht
waschen‹, und dann tun Sie's doch! Sie haben ja auch
schon allerhand Dreck in die Wohung getragen. Denken
Sie nicht voraus, lassen Sie nicht vorher schon Ihre Phantasie spielen. Treffen Sie keine Vorbereitungen, bevor Ihr
Sohn eintrifft. Tragen Sie's mit Humor. Was ist schon
anders am italienischen Dreck. Der Rucksack darf ruhig
auf den Teppichboden – der soll auch ein wenig Ur-
laubsstimmung abkriegen! Die Wäsche kann Ihr Sohn
selbst sortieren, schauen Sie nicht nach, ob er anschlie-
ßend die Hände wäscht. Der Löwenanteil an ›Schmutz‹
kommt in die Maschine, ein kleines Restchen verträgt
Ihre Wohnung leicht.« Mir haben diese Ratschläge so gut
getan, daß ich mich nur mehr auf die Rückkehr meines
Sohnes freuen konnte, trotz Schmutz.

Ein andermal war ich in Hundedreck getreten und
wußte nicht, wie ich mich »richtig« verhalten sollte. Ich
war sehr verzagt! Ich wollte einfach nicht wieder in eine

Wasch- und Putzorgie zurückgleiten: Ich habe den Schuh nur abspülen können und »durfte« ihn behalten. Das Stiegenhaus zu schrubben, das blieb mir diesmal erspart, denn: »Sehen Sie was? Riechen Sie was? Nein? Na also.« Ich war so froh. »Eigentlich war dieser ›Unfall‹ ein Glück«, habe ich mit gedacht, »ich habe wieder so gute Hilfestellung bekommen und dabei noch dazugelernt.« Es hilft ja oft schon sehr, allein die vertraute Stimme am Telefon zu hören.

Wenn ich außerhalb der Therapiezeit in der Praxis aufgetaucht bin, wurde mir meist deutlich zu erkennen gegeben, daß ich gar nicht willkommen war. Da hatte ein unmißverständlicher Blick genügt, um mich zum Rückzug einzuladen. Aber auch da habe ich wohltuende Ausnahmen erlebt und bin sehr getröstet wieder von dannen gezogen.

In der Anfangszeit war ich zuviel mir selbst überlassen. Ich hätte eine Betreuung rund um die Uhr gebraucht. Gerade zu Hause wäre ich froh um mehr begleitende Unterstützung gewesen. Ich habe im Haushalt so unendlich viele Fragen gehabt, ich wußte nicht einmal, wie man zwangsfrei mit einer Zitrone umgeht, ohne die Gummihandschuhe als Schutz zu verwenden. Es hat aber gemeinsame Therapie-Ausflüge in Lebensmittelgeschäfte, in die Stadt, zum Bahnhof, öffentliche Verkehrsmittel, zu mir nach Hause gegeben. Ich durfte auch einmal nur so den Therapeuten begleiten, als er selbst einkaufengehen mußte. Davon habe ich berichtet.

Einmal konnte ich mit dem Therapeuten mit der Bahn die Hinfahrt nach B. mitmachen. Das war ein unvorstellbares Erlebnis da im Speisewagen, seit ewigen Zeiten wieder im fahrenden Zug, keine Angst, kein Schmutz, keine Depression, nur das Gefühl großer Sicherheit und Geborgenheit durch die Anwesenheit des Therapeuten. Ich wußte wohl, daß ich *allein* zurückfahren mußte. Aber da war ich so stolz, so etwas zu können, daß es *auch* ein Genuß war. –

Von seiten des Therapeuten ist nötige *Hartnäckigkeit* gefragt, aber auch die *Flexibilität,* Kompromisse einzugehen, wenn es die Situation erfordert. »Ich mag nicht mehr, ich kann nicht mehr, ich bin müde des Kampfes«, klage ich eines Tages dem Therapeuten. Ich habe mich zuerst gescheut, Sie solche Worte lesen zu lassen. Ich habe um diejenigen gefürchtet, die sich nach solch einer Aussage nicht getrauen, eine Therapie zu beginnen. Aber denken Sie daran, wie oft Sie dergleichen schon geäußert haben *außerhalb* einer Therapie!

Und dann habe ich mir überlegt: Vielleicht liest jemand in diesem Büchlein und erfährt, daß auch während der Therapie solche Tiefs möglich, aber überwindbar sind. Die Antwort des Therapeuten hatte damals gelautet: »Es bleibt Ihnen nichts anderes übrig, als weiterzumachen. Oder wissen Sie eine Alternative?« Nein, ich habe keine gewußt. Die Antwort war hart, aber richtig. Ohne die Therapie wäre ich vielleicht immer wieder Patientin der Psychiatrischen Klinik geworden.

In Zeiten der Depression ließ der Therapeut Gnade vor Therapie walten. Da konnte ich keine Fortschritte machen, alles war noch viel schwerer.

Einmal war ich in der Therapie »vorgeprescht«, ich hatte ein Übung alleine gemacht, wir hatten sie vorher nicht besprochen. Konkret. Ich hatte mich in ein Zugabteil gesetzt, im stehenden Zug am Bahnhof, um »Kontakte« mit der Polsterung zu üben. Das hatte mich so überfordert, daß ich in Tränen war. »Nichts Neues allein üben«, war der Ratschlag des Therapeuten. »Der behutsame Therapeut«, nenne ich ihn, weil er mit unendlich viel Geduld abwarten kann.

Vor der Therapie gab es das Wort »Mode« nicht mehr für mich. Da galt nur die Devise: Praktisch zum Waschen. Das hatte sich dann im Lauf der Therapie gebessert, nur mit einem Kleidungsstück hatte ich ewig Probleme und zwar mit einem weiten Rock. Den konnte ich vor der Therapie noch leichter tragen, weil ich mich zu Hause sofort umgezogen hatte. Das durfte ich dann nicht mehr, und mit einem weiten Rock hatte ich das Gefühl, allen verdächtigen Schmutz mit nach Hause zu nehmen und dort zu verteilen. Dem Therapeuten konnte der Rock nicht übungsgerecht genug sein.

»Wie lang und wie weit möchten Sie ihn denn?« habe ich verzagt den Therapeuten gefragt. »So etwa letztes Jahrhundert«, hat er gemeint (vermutlich schwebte ihm eine Krinoline vor).

Dies war dann kein Gesprächsthema mehr – ich habe meine Vorliebe für eher kurz und eng durchgesetzt. In Modefragen sind eben auch Therapeuten machtlos. Nötige Flexibiltät gegenüber dem Willen der Patientin ist hier angebracht, auch wenn man noch leichte Restängste vermuten darf.

___ Perspektiven

Es sollen nicht nur Symptome bekämpft, sondern auch Perspektiven erarbeitet werden.

»Herr Dr. Crombach, wenn ich wüßte, ich lebte nur noch ein Jahr, ich würde mir diese Plage nicht antun.« Das habe ich einmal zum Therapeuten gesagt, als ich wieder einmal therapiemüde war. Und die Antwort: »Sicher, da haben Sie recht. Aber, wenn man bedenkt, daß einmal Ihre Enkelkinder die Wohnung erobern werden, mit ihren Schuhen die gehütete Sitzecke erklimmen werden, ich denke, unter diesen Perspektiven steht die Mühe schon dafür.«

Aber ich sollte nicht auf ein auch jetzt noch eher fern liegendes Ziel warten müssen, auf Enkelkinder, die mir die Therapie lohnen und die mir helfen, die Zeit zu füllen, die durch den Zwangsabbau frei wird.

Sicher ist es schön, wenn sich eine neue Welt auftut mit Kontakten nach außen. Aber auf die Dauer genügen Kaffeehaus, ein Kinobesuch, ein angstfreier Bummel durch die Stadt nicht mehr. Man ist als Zwangskranker ohnedies so komplexbeladen, möchte was leisten, sich und den anderen zeigen, daß man wieder dazugehört. »Wollen Sie nicht studieren?« hatte der Therapeut mich gefragt. Ich kann mich noch gut erinnern, wie ich die Augen aufgerissen habe. Ausgerechnet *ich* sollte studieren, nur weil ich vor unendlich langer Zeit einmal die Matura gemacht habe. Aber geschmeichelt habe ich mich schon gefühlt und mich mit Begeisterung inskribiert. Schon allein die Einschreibung an der Uni war für mich eine Superübung. Und ich bin mir so toll vorgekommen.

Den Studentenausweis trage ich heute noch in der Handtasche, obwohl er mir nicht viel mehr bringt, als daß ich für den Stadtturm-Besuch Ermäßigung bekomme. Aber damals war es wirklich eine neue Welt. Ich saß in einem Hörsaal, in der Germanistik-Vorlesung. War endlich nicht mehr allein daheim, sondern unter vielen jungen Menschen. Ich konnte in der Pause mit den anderen am Buffet Kaffee trinken, mich im Gedränge bewegen, auch schon Kontakte knüpfen.

Alles war noch Übung zugleich, aber angenehm gestaltet. Es war anfangs unmöglich, den Ausführungen des Professors zu folgen, während ich damit zu tun hatte, mich an den Kontakt meiner Beine mit dem Stuhl zu gewöhnen, aber man darf die Anforderungen an sich selbst zunächst nicht zu hoch stellen, sonst verdirbt man sich die Freude.

Später hatte mir der Therapeut zu einem ehrenamtlichen Job in einer Fachbibliothek an der Uni verholfen. Ich habe Monate gebraucht, um für dieses Unternehmen Mut zu fassen. Ich fürchtete weniger, durch die noch vorhandenen Zwänge behindert zu werden. Aber ich hatte solche Angst, nicht zu entsprechen, mich zu blamieren. Ich kann mich noch sehr gut an den ersten Tag erinnern.

Der Therapeut ist mit mir zur Vorstellung an das Institut gegangen wie ein Vater mit seinem Kind am ersten Schultag. Ich habe dort eine nette Zeit verbracht mit viel Gelegenheit zum alltagsbezogenen Üben, habe viele Kontakte geknüpft und – mich auch immer wieder einmal blamiert. Die letzte Zeit in der Bibliothek habe ich dann schon ein wenig Lust zum Zeichnen verspürt, heute kann ich es aus meinem Leben nicht mehr wegdenken. Dabei habe ich mein Leben lang gesagt: »Ich kann nicht zeichnen. Ich habe zwei linke Hände.«

Aber das war sicher nicht das Problem. Ich denke, in Wirklichkeit verhielt es sich so, daß mir die Muse und die Stimmung zu solch beschaulicher und zeitraubender Beschäftigung fehlte. Und der Zwang hob warnend den Finger: »Bedenke, daß du dich nur für ein Vergnügen unnötigen Gefahren aussetzt. Du brauchst Papier von »draußen«, Bleistifte, Radiergummi, ein Zeichenbuch, ein Kursbesuch kommt nicht in Frage ... Mach besser die Wohnung sauber!«

Woher nehme ich heute die Zeit zu meinen neuen

Aktivitäten, woher die Lust dazu? Die Freude daran habe ich, weil ich die Zwänge zum Teufel gejagt habe! Und die Zeit? Ganz einfach: Ich putze nur mehr den sichtbaren Dreck weg – der unsichtbare, der zweifelhafte, der mich so lange einengte und ängstigte, *der ist mir egal.*

___ Gedanken zum Ausgang

Ich sitze seit einigen Tagen sehr nachdenklich vor meiner Schreibmaschine. Habe ich das Wesentliche gesagt? Mut machen wollte ich – ist mein Bericht zu optimistisch gehalten? Immerhin zeigt die Psychotherapieforschung bei Zwängen, daß fast alle Patienten, die sich in Behandlung begeben, durch diese profitieren (Reinekker 1994). Habe ich andere wiederum entmutigt? Vielleicht durch die Tatsache, daß Zwängetherapie mit Übungen verbunden ist? Aber wenn man wieder so handeln und denken lernen möchte wie andere auch, geschieht dies vor allem durch Üben.

Ich komme mir ein wenig vor wie eine Mutter, die sich von ihren Kindern verabschiedet und ihnen – glukkenhaft – noch möglichst viele gute Ratschläge mit auf den Weg geben möchte. Ja, mir fällt da noch einiges ein, das mir wichtig erscheint.

Es gibt Patienten, die begeben sich sehr motiviert in eine Therapie. Dementsprechend zeigen sich sehr schöne Erfolge. Doch eines Tages finden sie, es sei genug der Therapie, das Leben sei leichter geworden, die schlimmsten Behinderungen beiseite geräumt. Kurz, man hat genug von der Therapie. Diese Haltung muß man respektieren, aber mir ist nicht wohl dabei. Die Tücke des Zwangs wird leicht unterschätzt, unter ungünstigen Bedingungen kann sich die Glut wieder zum lodernden Feuer entfachen.

»Ich habe Angst, ich könnte einen Rückfall bekommen«, hatte sich ein Patient gesorgt. »Dann mußt du üben, bis der Zwang keine Chance mehr hat.« Anderes konnten der Therapeut und ich ihm nicht antworten.

»Überlernen« schafft günstige Bedingungen für eine Bewältigung von Zwängen, sagt der Verhaltenstherapeut Hans Reinecker.

Noch etwas liegt mir sehr am Herzen. Als ich nur meine eigene Krankengeschichte gekannt hatte, glaubte ich, es liege *nur* an der mangelnden Information über Therapiemöglichkeiten oder am Mangel an Verhaltenstherapeuten und finanziellen Mitteln für eine Therapie, daß so viele nicht zu einer Behandlung finden. Sicher, das sind Gründe. Aber hier wird jetzt schon Aufklärungsarbeit geleistet. Und ich glaube, daß auch die Finanzierung heute kein Grund mehr sein sollte, nicht in den Genuß einer Therapie zu kommen.

Meiner Meinung nach liegt eine häufige Ursache auch in der mangelnden Motivation, sich den unvermeidbaren Anstrengungen einer Therapie zu stellen. Meine armen Leidensgefährten warten bis zum »Gehtnichtmehr« – wie sehr bedaure ich das. Je früher der Zwangskranke in Behandlung kommt, desto größer sind die Chancen für das Gelingen der Behandlung. »Die enorme Verzögerung im Beginn einer effizienten Behandlung senkt nicht nur die Besserungschancen, sie bedeutet für den Patienten auch unvorstellbares Leid und eine enorme Beeinträchtigung für Familie und Umgebung« (Reinecker 1991/1994).

Lassen Sie sich in der ersten Therapiezeit nicht entmutigen. Es ist nun einmal die schwerste Zeit. Nach vielleicht schönen anfänglichen Erfolgen, die Sie gleich ein gutes Stück voran tragen, beginnt die Zeit des zähen Ringens mit dem Zwang. »Ich mache es in einem Aufwaschen«, hatte kürzlich eine junge Frau gesagt. Da hatte sie sich etwas zuviel vorgenommen. Jetzt arbeiten wir uns Schritt für Schritt voran. Es ist mühsam und anstrengend, stellt die Geduld auf harte Probe. Aber es ist sicher die Methode der Wahl.

Fein ist es, wenn man auf ein Ziel hinarbeitet, das motiviert. »Ich gebe mir ein Semester Zeit«, sagte ein Student, »dann brauche ich mein Gehirn wieder zum Lernen.« Eine vernünftige Einstellung, vor allem deshalb, weil Therapie so sehr das Denken besetzen kann, daß anderweitige geistige Tätigkeiten daneben erschwert werden. Dies zu wissen und für einige Zeit zu tolerieren, halte ich für so wichtig, daß ich Ihnen noch folgendes aus meiner eigenen Therapie erzählen möchte:

Da klage ich eines Tages dem Therapeuten: »Ich übe mit Geld in der Schürzentasche und möchte gleichzeitig die Zeitung lesen. Es geht einfach nicht, dieses verflixte Geldstück macht sich so wichtig, ich kann den Text der Zeitung nicht auch noch erfassen. Was soll ich tun?« – »Weiter üben«, war die Antwort.

In meiner Familie war die Rede von einer alten Dame. »Sie kann nicht einmal mehr den ›Buddenbrooks‹, im Fernsehen folgen«, war man besorgt. Ich habe damals im Fernsehen nur mehr »Bilderschauen« können, verstanden habe ich kaum etwas – ich hatte nur meine Therapie im Kopf. Eine Zeitlang sollte, wenn möglich, Therapie vor vielen anderen Tätigkeiten gehen. Man kann nicht verschiedene sehr wichtige Dinge gleichzeitig und gut machen. Und Verhaltenstherapie bei Zwängen ist eine äußerst wichtige Angelegenheit.

Es kann aber auch angezeigt sein, daß vorerst nur

die Zwänge bearbeitet werden, die die Verwirklichung anderer Ziele behindern (wie z.B. Berufsausbildung, Vollendung des Studiums).

»Ich möchte im Sommer wieder schwimmen gehen können«, hatte sich eine andere Patientin im Februar zum Ziel gesetzt. Ihr Wunsch ist in Erfüllung gegangen, mit ihr freuen sich die Kinder. Der Zwang hatte ihr dieses Vergnügen jahrelang verwehrt. Sie hatte die Wohnung nur mehr für das Allernötigste verlassen.

Da gibt es auch eine Erfahrung, die die erste Therapiezeit schwierig erscheinen läßt: Man hat den Eindruck, daß die Zwanghaftigkeit eher noch zunimmt. Das täuscht zum Glück – nicht die Zwänge nehmen zu (das wäre ja noch schöner!), sondern das Bewußtsein wird geschärft, unter welchen Zwängen man leidet. Vor der Therapie hatte man sich mit den Zwängen arrangiert, so gut es eben ging. Da gab es Winkel und Nischen in der Wohnung, die niemand berühren durfte. Da gab es Personen, von denen Gefahr drohte, weil sie dem Kranken besonders leicht einen Zwang in Richtung »Schuld« bescherten – man ging ihnen aus dem Weg. Familienmitglieder wurden zu »Zwangshelfern«, indem man sie zu Kontrollen heranzog. Was sollte man tun, es blieb einem in der Not – fern jeder besseren Hilfe – nichts anderes übrig. Geschäfte, ja ganze Stadtteile wurden gemieden, um den Zwang nicht zu provozieren. Eng war die Welt geworden, ein unfreiwilliges Gefängnis, aber anders war es eben nicht möglich.

In der Therapie soll nun dieses angstbesetzte Spießrutenlaufen zwischen gefährlichen Personen, gehüteten Winkeln, unheilbringenden Herdknöpfen beendet werden. Das verlangt, daß man sich ihnen stellen muß, sie nicht mehr meiden darf. Und diese Tatsache vermittelt zu Beginn der Therapie das Gefühl von: Das wird ja mehr statt weniger. Jetzt muß halt die volle Realität ans Tageslicht, das ist wichtig!

Jetzt kommt noch ein Satz, den ich einer Arbeit von Nicolas Hoffmann, Psychologe und Therapeut, entnommen habe. Der »Therapiegedanke« erfreut sich bei den von mir Betreuten großer Beliebtheit. Ein Patient hat ihn sich auf ein Zettelchen geschrieben und in die Geldtasche gesteckt, um ihn griffbereit zu haben. »Der Gedanke, der eben aufgetaucht ist, ist ein Zwangsgedanke. Er ist lediglich ein Anzeichen dafür, daß ich an einer Zwangsstörung leide, er ist kein Beweis dafür, daß ich selbst in irgendeiner Weise gefährdet bin oder andere gefährden könnte. *Es gibt also nichts, was ich dagegen unternehmen müßte.*«

Außerhalb der Therapie kann man mit diesem Satz nicht viel anfangen. Innerhalb der therapeutischen Betreuung ist er eine gute Stütze.

»Unvorstellbar, wenn ich noch meine Zwänge hätte«, hat mir eine junge Frau gesagt. Zehn Jahre lang war sie sehr leidend, nach einigen Monaten Therapie war sie wie ausgewechselt.

»Ob diese Therapie wohl gelingt?«, zweifelte ein Patient. Wir haben sein Zimmer »entweiht«, vom Zwang befreit, die gefürchteten Ecken nicht mehr schonen dürfen. Im Augenblick hat er das Gefühl: Das ist nicht mehr mein Zimmer, das bin nicht mehr ich. Alles ist umgekrempelt, auch er. Wir reden viel miteinander, während wir dem Zwang den Garaus machen. Ich mache vor, was nötig ist, nehme seine Zwangsängste auch auf mich, indem ich nun meine »verschmutzte« Kleidung in mein Heim trage, verspreche, mich auch nicht umzuziehen, auch meine Hände nicht zu waschen. So muß er sich nicht so allein fühlen; er kann telefonieren, wenn er es braucht, das haben wir zuvor ausgemacht. Er hat im Therapeuten und mir Partner, die ihn begleiten, bis es geschafft ist.

»Ich weiß, daß ich noch daran arbeiten muß«, sagte ein Patient, den ich betreut habe. Kontrollzwänge haben ihm das Leben unsagbar schwer gemacht, das Berufsleben konnte er kaum noch bewältigen, die Partnerschaft war zerstört. »Aber heute bringen mich die Kontrollen nicht mehr in Panik, es sind im Vergleich zur Zeit vor der Therapie nur mehr Restsymptome, die mein Leben beeinträchtigen.« Der junge Mann kann sich heute über seinen Beruf freuen, neue Perspektiven wurden in der Therapie erarbeitet, die Beziehung zur Partnerin ist schön geworden, er ist dabei, neue Freunde zu gewinnen. Leicht war die Therapie nicht für ihn, aber er ist glücklich, daß er sich dazu durchgerungen hat.

Vor zwei Tagen hatte ich ein Gespräch mit einer ehemaligen Leidensgefährtin. Vielleicht war es eine nur einmalige Begegnung, ich weiß es nicht. Aber ich habe mich schon sehr darüber gefreut, daß sie stattgefunden hat. Die junge Frau hatte schon unzählige Therapieversuche hinter sich. Eigentlich war sie bereits müde des Suchens geworden. »Immer muß ich meine ganze persönliche Geschichte erzählen. Dann gibt es Gesprächstherapie, Autogenes Training. Aber all das hat mir bis jetzt nichts genützt. Ich mag nicht mehr in Behandlungen gehen.«

Ich habe ihr von mir erzählt, von meinen Zwängen, von meiner Resignation und dann von meiner Therapie. Ich habe ihr gesagt, daß so eine Verhaltenstherapie nach so vielen Jahren Zwänglertum hart war. Aber daß ich sie trotzdem noch einmal auf mich nehmen würde, falls es erforderlich wäre.

Ich habe diese Frau überzeugen können: Sie hat sich zur Verhaltenstherapie angemeldet. Ich habe das gute Gefühl, daß sie es schaffen wird.

Ein Nachtrag:

7 Monate später – ein Telefongespräch mit der einst »Therapiemüden« (Dauer der Verhaltenstherapie: ca. ein halbes Jahr): »Mir geht es nach wie vor gut – ich bin nicht rückfällig geworden – ich laß' mir vom Zwang mein neues Leben nicht mehr nehmen!«

Zähigkeit, Ausdauer, Mut, Motivation, Ernsthaftigkeit, Vertrauen und die Fähigkeit zur *Demut*, das verlangt die Therapie. Bitte, mißverstehen Sie mich nicht. Die Haltung der Demut in der Therapie hat nichts mit Unterwürfigkeit zu tun, sondern mit der Einsicht, unter einer Krankheit zu leiden, deren Symptome behandlungsbedürftig sind. Hier wird die Bereitschaft erwartet, sich der Führung eines Therapeuten anzuvertrauen, der nun einmal besser weiß, »wo es lang geht«. Ich betreue eine Patientin, mit der es ständig Diskussionen gibt, wer recht hat. »Braucht sie mich eigentlich«, frage ich mich dann. »Eine ordentliche Hausfrau weiß, wo jeder Gegenstand im Haushalt zu stehen hat«, sagt sie mit derartiger Überlegenheit, daß ich schon versucht bin, mich selbst als unheimlich schlampig einzustufen. In Wirklichkeit läßt sie ihr sehr ausgeprägter Ordnungszwang leiden und beeinträchtigt ihre Handlungsfreiheit enorm. Die geplagte Familie hat sich längst schon von diesem »ordentlichen« Haushalt abgesetzt. In ihrer Haltung ist der jungen Frau schwer zu helfen.

»Wenn ich dran denke, was ich dich alles gefragt habe und wie oft ich all das von dir hören wollte, dann komme ich mir schon recht dumm vor«, so der Seufzer eines Patienten, mit dem die Zusammenarbeit sehr gut und erfolgreich war.

Die Symptome als Krankheit erkennen, sich zugestehen dürfen, daß man schwach ist und es allein nicht schafft, sich mit Hilfe des Therapeuten, der Therapeutin einer Behandlung anvertrauen, die einem zunächst sehr gegen den Strich geht, das nenne ich die Fähigkeit zur Demut, die die Therapie verlangt.

Demut bedeutet auch das Aufgeben von Rechthaberei; Bereitschaft, sich von alten, vertrauten Lebensansichten zu trennen. Es fällt uns nicht leicht zuzugeben, daß wir unsinnigen Lebensgrundsätzen und Gewohnheiten gefolgt waren.

Trauen Sie sich diese Therapie-Eigenschaften zu? Dann werden Sie gewinnen!

___ Das Gräsererlebnis

Geschrieben im zweiten Therapiemonat:

Am Abend machte ich einen Spaziergang in Richtung B. Die Leichtigkeit, das Haus zu verlassen, war herrlich! Einfach in Jeans und Hausjacke; kein Wechsel der Oberbekleidung wie früher, mit dem »unsauberen« Hausschlüssel in der Hosentasche. Vor kurzem wäre das noch undenkbar gewesen. Immer hatte ich mich umgezogen, »richtiges«, das heißt, mich vor Kontakten schützendes Schuhwerk gewählt, den Hausschlüssel im Garten unter einem Stein versteckt, um ihn wegen seiner Unsauberkeit nicht mitnehmen zu müssen. Die Hände habe ich noch am Gartenschlauch gewaschen. Ich wollte »sauber« spazieren gehen. Also nichts von all dem. Schon dies gab mir ein Gefühl von großer Befreiung!

Als ich die Wiesen erreichte, war es wunderschön. Ich habe alles wahrgenommen, wie etwas schon lange Entbehrtes. Einen Heuwender, die zum Teil gemähten, zum Teil hoch stehenden Wiesen, den Heugeruch und den milden anbrechenden Abend. Problemlos (in bezug auf Zwänge) erreichte ich die Anhöhe. Da ergab sich aber eine Schwierigkeit. Ich dachte: »Muß denn dieser Spaziergang wieder mit einer Übung enden?«, denn der Schotterweg war zu Ende und ging in einen eher höher bewachsenen Grasweg über. Erste Reaktion – hier kehre ich um. Das Gras könnte »schmutzig« sein, mein Schuhwerk ist nicht schützend genug, wie zum Beispiel Stiefel oder hohe Sportschuhe. Aber das wäre eine Niederlage gewesen! Also spreche ich mir Mut zu, gehe weiter, immer leichter und entspannter. Unbeschreiblich war dieses Gefühl, wirklich so, als ob ich plötzlich in einer für mich neuen Welt gehen würde. Ich mache Halt, denn etwas erhöht, über einer leichten Böschung, liegt eine Wiese, traumhaft schön, einzig bewachsen von Gräsern verschiedenster Art.

Soll ich welche pflücken oder nicht? Eigentlich tue ich das so gern! Aber ich weiß nicht, ob die Gräser »sauber« sind. Die Wiese führt nämlich am Weg entlang, und Wegränder sind für mich immer verdächtig: Ich vermute da sehr leicht »Unsauberkeit«. Um es konkret auszudrücken: Der Weg ist viel begangen, sicher wird der eine oder andere männliche Spaziergänger den Wegrand »beschmutzt« haben.

Ich begann sehr zaghaft und verkrampft, mich vorsichtig über die Böschung streckend, einzelne, vom Wegrand möglichst entfernte Gräser, herauszuzupfen. »Das wird nie ein richtiger Strauß«, dachte ich mir und weiter – das klingt jetzt sehr prosaisch: »Wenn du als Übung noch den Besuch von öffentlichen Toiletten vor dir hast – die mir damals ein Greuel waren – eine mir noch unüberwindlich scheinende Hürde im Verlauf der Verhaltenstherapie – wie willst du das schaffen, wenn Du hier nicht einmal ein paar vielleicht »unsaubere«

99

Gräser vom Wegrand pflücken kannst?« Also nahm ich mir vor, die Gräser nicht nach ihrer Sauberkeit, sondern nach ihrer *Schönheit* zu pflücken. Und was dann geschah, ist unvorstellbar! Ich pflückte mit einer Gelöstheit und einem Glücksgefühl, immer nur die schönsten Gräser aussuchend, kein Mensch könnte mitvollziehen, was ich da empfand.

Nun hatte ich also meinen Gräserstrauß in Händen. Ich konnte nicht mehr an mich halten und weinte, es war ein maßlos befreiendes Weinen, mehr ein Schluchzen – und so viel Glück dabei!

Hans Reinecker
Zwänge und Hilfen

Frau Ulrike S. hat die Geschichte ihres Leidens und ihrer Behandlung sehr persönlich und eindringlich dargestellt; dies bedürfte an sich keines Kommentars, hätte mich nicht die Autorin darum ersucht. Ich möchte folgende Aspekte aufgreifen:

– eine kurze, allgemeine *Beschreibung der Pathologie* von Zwängen, also derjenigen Merkmale, die über den individuellen Fall hinausgehen;
– Bezüge der individuellen Darstellung von Frau S. zu Merkmalen der *Versorgung, Diagnostik, Theorie* und (Verhaltens-)*Therapie* bei Zwangsstörungen sowie
– ausgewählte Implikationen für die *Praxis* auch unter dem Gesichtspunkt, was Therapeuten aus der Darstellung des Falles lernen können.

___ Zur Pathologie und Therapie von Zwangsstörungen

Die Aussage »das ist ja zwanghaft« verwenden wir alltagssprachlich durchaus, um Merkmale übertrieben erscheinender Sauberkeit und Genauigkeit oder ähnliches zu beschreiben, etwa wenn jemand einen Brief nochmals öffnet, um zu prüfen, ob die Unterschrift nicht vergessen wurde, wenn jemand nochmals umkehrt, um zu kontrollieren, ob die Haustüre abgeschlossen wurde, oder wenn eine Frau nochmals zum Staubsauger greift, wenn die Familie gerade das Haus verlassen hat. Die Bezeichnung »zwanghaft« mag für den Alltag durchaus

101

zutreffend sein; sie liefert aber nur einen ganz matten Abglanz dessen, was uns begegnet, wenn wir einen Zwangspatienten vor uns haben: Hier werden gedankliche und Handlungsrituale ausgeführt, die eine extreme Einschränkung des gesamten Lebensvollzuges mit sich bringen. Dies umfaßt in der Regel sowohl den beruflichen, als auch den familiären und den sozialen Bereich.

Für die Diagnose einer Zwangsstörung müssen folgende Kriterien erfüllt sein (s. Rachman u. Hodgson, 1980; APA, DSM-III R 1987, dt. 1989):

– Die Person erlebt einen inneren, subjektiven Drang, bestimmte Dinge zu denken oder zu tun;
– die Person leistet Widerstand gegen den Zwang (oder zumindest den Versuch) gegen den Gedanken oder gegen das Ausführen der Handlung
– der Gedanke oder die Handlung werden (zumindest im Prinzip) als unsinnig, übertrieben oder ähnliches empfunden.

Darüber hinaus wird das gesamte Muster an Gedanken und Handlungen als äußerst unangenehm und belastend erlebt, und die Zwangspathologie führt zu einer deutlichen Einschränkung des Lebens einer Person.

Als Unterformen von Zwangsstörungen werden heute *Zwangshandlungen* (insbesondere Kontrollieren und Waschen) und *Zwangsgedanken* (Impulse, Gedanken, Bilder, ...) unterschieden. Diese Differenzierung ist insofern bedeutsam, als die einzelnen Unterformen zwar häufig »vermischt« vorkommen, aber dennoch einen unterschiedlichen Verlauf und eine differentielle Prognose aufweisen.

Bis vor rund 10–20 Jahren war man von einer sehr geringen Häufigkeit von Zwangsstörungen ausgegangen; nach neueren Untersuchungen muß allerdings ein

Lebenszeitrisiko von rund 1,2 bis 1,5% angenommen werden. Die frühere gravierende Unterschätzung der Häufigkeit hängt vermutlich mit zwei Gesichtspunkten zusammen: Zum ersten verheimlichen Patienten mit Zwängen ihre Störung selbst gegenüber ihrer nächsten Umgebung, so lange es geht (siehe dazu den Bericht von Frau S.). Patientinnen mit Zwängen kommen durchschnittlich erst 7 bis 10 Jahre nach Beginn der Problematik zur Behandlung. Ein großer Teil der Fälle bleibt dabei sicherlich unentdeckt und unbehandelt. Der zweite Grund für die Unterschätzung hängt mit Aspekten des Versorgungssystems zusammen: Studien zur Häufigkeit von Zwängen wurden bisher lediglich im Rahmen der Erfasung von Angststörungen durchgeführt; bei der erfaßten Häufigkeit muß berücksichtigt werden, daß Patienten in der Regel geradezu groteske Irrwege durchmachen, bis sie im Versorgungssystem korrekt erkannt und zielführend behandelt werden. Die Darstellung von Frau S. ist hierzu zwar knapp, aber ausgesprochen typisch.

Wenn man das gesamte Spektrum zwanghafter Erscheinungen betrachtet, so ist davon auszugehen, daß Zwangshandlungen und Zwangsgedanken in rund drei Viertel aller Fälle gemeinsam auftreten; die Gedanken bilden hier zumeist einen Auslöser für die Zwangshandlungen (z.B. »Habe ich mich gerade beschmutzt?« als Auslöser für ein Waschritual). Bei rund einem Viertel aller Patienten liegen rein gedankliche Zwänge (also ohne begleitende, beobachtbare Handlungen) vor (z.B. zwanghaftes Grübeln; Zähl-Zwänge; Denken bestimmter magischer Worte, Sätze oder Formeln ...). Die Entstehung und Aufrechterhaltung dieser gedanklichen Zwänge war lange Zeit nur sehr schwer erklärbar; auch heute noch erweist sich die Behandlung reiner Zwangsgedanken als besonders schwierig und nur begrenzt erfolgreich.

Bei der Frage nach der Entstehung von Zwangsstörungen tappt die Forschung noch weitgehend im Dunkeln; es gibt zwar immer wieder vorgebrachte und durchaus plausibel erscheinende Vermutungen, keine dieser einzelnen Spekulationen ist bisher jedoch im Lichte von empirisch-klinischen Befunden haltbar. In der klinisch-psychologischen Forschung geht man heute von einem gleichsinnigen Zusammenwirken mehrerer Faktoren auf unterschiedlichen Ebenen aus: Genetische und familiäre Faktoren spielen sicherlich ebenso eine Rolle wie Merkmale der Erziehung, der Modellwirkung, aber auch biologisch-biochemische Vulnerabilitäten, kognitive Verarbeitungsmuster, spezielle Belastungen und deren Verarbeitung und anderes mehr. Die Suche nach den möglichen Ursachen einer Zwangsstörung ist auf individueller Ebene – für jeden einzelnen Patienten - durchaus sinnvoll und bedeutsam; wir dürfen uns allerdings nicht von der Vorstellung leiten lassen, jemals *die* Ursache auf individueller oder allgemein klinischer Ebene in der Hand zu haben. Ursachen liegen in der Vergangenheit und sind prinzipiell nicht mehr restlos aufzuklären. Wir verfügen heute jedoch über relativ gut bewährte theoretische Modelle, die uns in der Erklärung der Aufrechterhaltung von Zwängen (und damit in der Therapie) weiterhelfen können.

Als theoretisches Hintergrundmodell dient heute das kognitiv-verhaltenstheoretische Modell von Salkovskis (1989), das eine Weiterentwicklung älterer Angst-Reduktions-Modelle darstellt. Bereits Mowrer (1950) hatte folgenden Teufelskreis beschrieben, in dem sich der Patient befindet (siehe dazu eine neuere Version der sogenannten Zwei-Faktoren-Theorie bei McAllister u.

McAllister 1995): Eine spezifische Situation löst Angst und Unruhe aus; dies kann eine konkrete Sitation wie bei Frau S. ebenso sein (Urin, Speichel, Schmutz), wie auch nur ein Gedanke (»Habe ich etwas Schmutziges berührt?«; »Ich könnte ein Kind verletzen oder gar töten!«). Diese Angst und Unruhe ist für den Patienten äußerst unangenehm und nur schwer erträglich, und er beendet sie durch ein Flucht- oder Vermeidungsritual. Das Ritual führt zu einer raschen, aber nur kurzfristigen Senkung der Angst und wird deshalb immer wieder ausgeführt (in der Fachsprache nennt man dies »negative Verstärkung«). Durch das Vermeidungsritual kann der Patient nicht mehr die Erfahrung machen, daß die gefürchtete Situation oder der unangenehme Gedanke langfristig gesehen um vieles unproblematischer wäre als seine Vermeidungsrituale und die damit erkaufte Einschränkung und Pathologie.

Genau an diesem Punkt setzt nun das zentrale *Therapieprinzip* an: Der Patient lernt im Verlaufe der Therapie, sich mit gefüchteten Situationen zu konfrontieren und diese über längere Zeit hinweg auszuhalten. Dieses Prinzip der *Konfrontation* (mit gefürchteten Situationen und Gedanken) und *Reaktionsverhinderung* (von Vermeidungsritualen auf der Verhaltens-, aber auch auch gedanklicher Ebene) wurde in den vergangenen 30 Jahren äußerst detailliert erforscht und beschrieben. Konfrontation und Reaktionsverhinderung sind sicherlich für die meisten Patienten unangenehm und belastend; es ist deshalb Aufgabe des Therapeuten, den Patienten auf diesen Schritt der Intervention behutsam und sensibel vorzubereiten (siehe dazu die Beschreibung von Frau S.). Die Kunst dieses Schrittes besteht nach meinem Eindruck nicht so sehr in der Anwendung des bloßen Therapieprinzips, sondern in der Vermittlung des Vorgehens an den Patienten (siehe Reinecker 1994). Konfrontation und Reaktionsverhinderung laufen ja der »Zwangslogik« des Patienten vollkommen zuwider: Er solle Dinge berühren, Gedanken denken, ... vor denen er sich ganz besonders fürchtet, die ihm größte Angst und Unruhe bereiten. Hier besteht die Aufgabe des Therapeuten darin, auf der Basis einer vertrauensvollen therapeutischen Beziehung und einer therapeutischen Allianz eine grundsätzliche Umorientierung dahingehend zu bewirken, daß sich der Patient auf die entsprechenden Übungen einläßt. Auch aus der Sicht des Patienten (siehe dazu Frau S.) macht gerade dies den zentralen therapeutischen Wirkmechanismus aus. Wichtig daran ist insbesondere, daß sich der Patient auf den emotionalen Gehalt seiner Ängste und Befürchtungen einläßt (Rachman 1980; Lang 1985 und Foa u. Kozak 1986 sprechen von »emotional processing of fear«); dies bedeutet, daß eine emotionale Auseinandersetzung mit den zentralen Themen der Angst erfolgen muß. Bloße Konfrontation mit Situationen oder Gedanken bleibt dann oberflächlich und ohne therapeutische Wirkung, wenn sich der Patient nicht auf die Angst einläßt (z.B. durch gedankliche Ablenkungs- und Vermeidungsstrategien) oder wenn die Konfrontation von außen erzwungen wurde.

Zur Wirksamkeit kognitiv-verhaltenstherapeutischer Behandlung

Hier gibt der Bericht von Frau S. sicherlich ein ausgesprochen optimistisches Bild ab; dies ist von der Autorin auch so beabsichtigt, sie will Patientinnen und Patienten dazu ermutigen, den Schritt zur Therapie zu wagen. Die Therapieforschung (siehe von Balkom u.a.

1994) gibt ihr hier insofern recht, als eine spontane Besserung äußerst selten erfolgt. Vielfach verschlimmern sich die Probleme bis hin zur Arbeitsunfähigkeit und zur sozialen und persönlichen Isolation. Fast alle Patienten jedoch, die sich entschließen, eine verhaltenstherapeutische Behandlung aufzusuchen, profitieren in gewisser Weise auch von der Therapie (Marks 1987), ohne daß man von einer vollständigen Besserung sprechen könnte. Diese vollständige Besserung (wie bei Frau S.) ist eher selten, weil die meisten Patienten – trotz einer deutlichen Erleichterung in ihrer Pathologie und einer Veränderung im beruflichen und sozialen Leben – oft weiterhin an verschiedenen Ritualen festhalten (»zwanghafter Rest«). In der Literatur hat dies vielfach zu Spekulationen über eine zugrundeliegende »zwanghafte Persönlichkeit« Anlaß gegeben; wegen der Schwierigkeiten in der Präzisierung des Persönlichkeitsbegriffs und wegen der Unklarheit in der Trennung von zwanghafter Pathologie von der zwanghaften Persönlichkeit erscheint die Argumentation insgesamt wenig zielführend.

Therapie bei Zwangspatienten ist in der Regel mühsam, aufwendig und zeitraubend, wie dies G. Crombach auch im Vorwort angedeutet hat. Von Schwierigkeiten und Fehlschlägen sollten sich aber weder Therapeut noch Patient entmutigen lassen. Aufgabe dieses Buches von Frau S. ist es auch, Patienten zu ermutigen, den Weg einer zwar mühsamen, langfristig aber hilfreichen Verhaltenstherapie zu gehen.

Zur Darstellung von Frau S. im Lichte allgemeiner Merkmale der Therapie

Ich möchte mich hier auf einige wenige Punkte aus der Darstellung von Frau S. beschränken, die besonders deutliche Bezüge zu allgemeinen therapeutischen Merkmalen bieten. Vieles spricht für sich selbst, vieles ist so individuell und spezifisch, daß eine Übertragung auf andere Fälle schwierig wäre. Dennoch gibt es eine Reihe von Aspekten, die ich durchaus selektiv zum Zweck eines Kommentars aufgreife.

Zu nennen ist an erster Stelle der *Mut* der ehemaligen Patientin zur Darstellung ihrer Leidens- und Therapiegeschichte; dies ist ungewöhnlich und bewundernswert zugleich. Die meisten Patientinnen verbergen ihre Problematik selbst vor ihrer nächsten Umgebung, sie schämen sich zutiefst und zögern lange Zeit, sich jemandem anzuvertrauen. Eine Patientin etwa litt über viele Jahre hinweg unter äußerst belastenden Tötungsgedanken gegenüber ihren Kindern, ohne dies jemandem (schon gar nicht ihrem Ehemann) mitzuteilen. Diese Patientin war ebenso wie Frau S. erstaunt, als sie dem Therapeuten über ihre ungewöhnlichen Ängste und Rituale berichtete und daß er diese Probleme verstand, weil sie ihm aus fachlicher Sicht bekannt sind und waren.

Sehr eindringlich beschreibt Frau S. den Teufelskreis von Angst und Vermeidung; ihre Darstellung erscheint mir eine sehr konkrete Schilderung der aus wissenschaftlicher Sicht bekannten Paradoxien zu sein (siehe McAllister u. McAllister 1995): Die Patientin verspürt intensive Angst und Unruhe, sie sucht nach einem Weg aus der Angst, und gerade ihre Rituale, ihre verzweifelten Vermeidungsversuche bilden die entscheidende Be-

dingung für die Spirale - immer tiefer in die Verstrik-
kung des Zwanges hinein.

In den historisch ersten Abhandlungen über
Zwangsstörungen werden diese als »la maladie du dou-
te« (Esquirol 1838) bezeichnet, als Krankheit der Unsicherheit und des Zweifels. Frau S. beschreibt dies sehr
klar als die Unsicherheit, die sich auf einfachste tägliche
Verrichtungen bezieht. Bei anderen Patientinnen und
Patienten geht es um spezielle Gedanken, um Sauberkeit, um Gewalt, um Sexualität, um Schuld und Verantwortung. All dies sind Themen, die im Lauf der menschlichen Entwicklung eine wichtige Rolle spielen und wo
wir lernen müssen, daß es endgültige Sicherheit nicht
geben kann. Genau dies versucht der Patient herzustel-
len: endgültige, totale Sicherheit – in der Erstarrung sei-
nes Rituals.

Therapie ist für den Patienten ein deshalb so
schwieriges Unterfangen, weil er diese Logik aufgeben,
ja sogar umkehren muß. Er lernt im Verlauf der Therapie, daß es totale Sicherheit nicht geben kann und daß
seine Existenz auch in einer unsicheren Welt möglich ist.
In der Duchführung einer Therapiestudie haben wir
dazu für Patienten kleine »Risikoübungen« eingebaut,
etwa ein Licht brennen zu lassen, wenn man das Haus
verläßt, den Kofferraum des Autos nicht abzuschließen
oder anderes (siehe Lakatos 1995) – die Patienten hatten
dazu manchmal noch viel bessere Ideen und diese im
Verlaufe der Therapie auch umgesetzt. Sie hatten anhand solch weitgehend belangloser Situationen gelernt,
daß totale Sicherheit, vollständige Kontrolle, endgültige
Sauberkeit und so weiter nicht unbedingt das Ziel ihres
gesamten Denkens und Handelns darstellen müssen.

Die meisten (alle?) Patienten wissen um ihre Pathologie, sie haben auch zumeist Erklärungen für ihre Pro-

bleme, sie sind äußerst selbstreflexiv, dazu kommen Eigenstudium aus Fachbüchern und das Wissen aus den bisherigen Therapien. Die Patienten *wissen* (fast) alles, und sie *tun* (fast) nichts, um aus dem Teufelskreis ihrer Pathologie herauszukommen. Dies hat auch Frau S. sehr deutlich beschrieben. Sie beschreibt das Gehen neuer Wege als äußerst verunsichernd; wie problematisch muß dies für eine Zwangspatientin sein, die in ihrem Denken und Handeln in höchstem Maß nach Sicherheit strebt.

Verhaltenstherapie besteht auch darin, das zwanghafte Grübeln über Entstehung und Ursache der Zwänge (vielfach eine diffizile Form der Vermeidung, an der die Therapeuten mit verantwortlich sind) zu beenden und etwas zu tun, denn nur dieses Handeln hilft den Patienten, aus ihrer Problematik herauszukommen. Ich bin der Ansicht, daß Einsicht (Denken) und Verhalten (Handeln) in der Therapie ineinandergreifen müssen wie die Zähne zweier Räder. Gerade deshalb halte ich die Bezeichnung »Kognitive Verhaltenstherapie« für korrekt und zutreffend.

Die konkreten Übungen sind in dem Bericht von Frau S. sehr klar und deutlich beschrieben. Wenn es in der Fachliteratur heißt, daß Konfrontation und Reaktionsverhinderung als zentrale Wirkmechanismen der Veränderung anzusehen sind, dann heißt dies aus der Sicht der Patientin folgendes: Auf die Straße zu gehen, wo Hundekot sein könnte; eine lange Hose anziehen, die den Boden berührt; ohne Handschuhe einkaufen, dabei Geld berühren, den Einkaufswagen schieben, Dinge vom Boden aufheben, die hinuntergefallen sind; eine Telefonzelle benutzen; mit öffentlichen Verkehrsmitteln fahren und dabei Berührungen vielfacher Art auszuhalten und vieles andere. Über diese

Verhaltensmuster zu diskutieren hilft nichts, Handeln ist alles!

Es ist in der Praxis immer wieder erschütternd, über welche Irrwege Patientinnen und Patienten berichten; dies hängt mit den bereits genannten Aspekten (sicherlich nicht nur mit diesen) zusammen, nämlich zum ersten mit der Tendenz des Patienten, die Pathologie zu verheimlichen, und zweitens mit der Struktur der völlig unzureichenden psychotherapeutischen Versorgung. Auch Frau S. berichtet von einem demütigenden und demoralisierenden Weg, bis sie in die Praxis eines Therapeuten kam, dem die Pathologie bekannt war und der in der Lage war, effiziente Hilfe anzubieten.

Die verschiedenen Irrwege stellen nicht nur eine eklatante Verschwendung von Zeit und Geld dar. Jeder dieser gescheiterten Therapieversuche bildet eine weitere Entmutigung des Patienten und man fragt sich vielfach, warum ein Patient dennoch einen weiteren Versuch macht, Hilfe zu bekommen; dies mag auch ein Hinweis auf das enorme persönliche Leiden sein. Die betroffene Leserin oder der Leser wissen selbst am besten Bescheid über diese Irrwege, die von unverantwortlichen »Fachleuten« angeboten werden – von noch eher harmlosen Kräutermischungen und Tinkturen über ineffiziente psychotherapeutische Versuche bis hin zu kostspieligen Kuraufenthalten oder gar gehirnchirurgischen Operationen. Frau S. deutet diese Irrwege nur kurz an, sie bleibt höflich und freundlich auch noch dort, wo Kritik (auch an Kolleginnen und Kollegen) höchst angebracht wäre. So begegnet uns in der Praxis häufig ein Patient, der – als »chronisch« etikettiert – selbst kaum noch den Mut aufbringt, an seiner Situation noch konstruktive Änderungen vorzunehmen.

Wir sollten Patienten nicht nur als Leidende sehen –

111

Zwangspatienten sind Menschen, die sicherlich besonders eingeschränkt sind, die aber auch viele gesunde und positive Ansätze aufweisen. Als allgemeine Merkmale sind etwa zu nennen: *Widerstand gegen den Zwang* und *Motivation* zur Veränderung. Widerstand bildet ein Kriterium für Zwangspatienten, das allerdings starken Schwankungen unterworfen sein kann – in extremer Form als Depression, als Resignation, sich in das Schicksal des Zwanges zu ergeben. Widerstand heißt, daß sich der Patient von seinen Zwängen (zumindest zeitweise) zu distanzieren und zu befreien versucht; der Weg von Frau S. zur Therapie bildet ein Beispiel für gelungenen Widerstand.

Ein anderes Beispiel für gesunde Anteile sind bei Frau S. ihre Religiosität und konkret der Kirchgang; dies hat sie sich selbst durch den Zwang nicht rauben lassen.

Das Merkmal der Motivation bedürfte gerade bei der Therapie von Zwangspatienten einer eigenen Abhandlung: Motivation ist dabei zu verstehen als die Bereitschaft und die konkrete Umsetzung therapeutisch zielführender Schritte – so klein sie auch sein mögen. Diese Motivation des Patienten zu unterstützen ist wohl eine der wichtigsten Aufgaben in der therapeutischen Interaktion, und deshalb bildet die Motivation zur Veränderung wohl auch den wichtigsten Prädiktor für eine Verbesserung.

Frau S. beschreibt, daß und wie sie sich an verschiedenen Vorgaben des Therapeuten orientiert hat. In der Fachsprache wird dies als »Modellfunktion« bezeichnet. Berührungen von Haltestangen im Bus, das Benutzen eines Taschentuches, das Verwenden von Pappkartons, von Mehrwegflaschen und so weiter, all dies sind Dinge, die die Patientin neu erlernen mußte und anhand der Beobachtung des Therapeuten auch lernen konnte.

Nicht allen Patienten hilft diese Modellvorgabe so, wie dies in diesem Bericht dargestellt wird (Patientin: »Daß Sie es können, weiß ich, aber *ich* kann es nicht, ich kann es Ihnen auch nicht nachmachen!«). Schließlich muß der Patient selbst wieder lernen, Standards für Kontrolle und Sauberkeit zu entwickeln. Modellvorgaben durch einen Therapeuten bilden vielfach hilfreiche Brücken- prinzipien, die den Patienten ermutigen können, es auch zu versuchen – sie sind aber vermutlich kein Allheilmit- tel im Behandlungsverlauf.

___ Implikationen für die Praxis – oder: Was können wir daraus lernen?

Als klinische Psychologen und Psychotherapeuten haben wir es in der Regel mit Einzelfällen zu tun; sie bieten *die* Bewährungsinstanz für theoretische Modelle. Theorie und Praxis sind deshalb im Sinne einer Rück- koppelung zu verstehen. Gerade ein so eindringlicher und klarer Bericht bildet eine Chance für Aspekte der Modellbildung und für Gesichtspunkte des thera- peutischen Handelns. Wiederum nur einige wenige Punkte:

► Unsere Aufgabe als Professionelle kann sich nicht darauf beschränken, die therapeutischen Prinzipien und deren Umsetzung zu optimieren. Das größte Pro- blem in der Arbeit mit Zwangspatienten besteht im frühzeitigen Erkennen und in einer entsprechenden Ver- sorgung von Patienten. Nur durch ein entsprechendes Versorgungsangebot lassen sich die auch von Frau S. beschriebenen Irrwege im Vorfeld der Therapie zumin- dest abkürzen. Mit anderen Worten: Was nützen die be- sten und effizientesten Therapieprinzipien, wenn sie nur einem geringen Teil derjenigen Patienten, die davon profitieren könnten, zugute kommen?

▶ Unverzichtbar erscheint mir, daß Therapeuten, die mit Zwangspatienten arbeiten, über entsprechendes klinisches Hintergrundwissen verfügen. Sicherlich ist jeder Patient ein Einzelfall, aber jedem Therapeuten muß die Pathologie eines Zwangs im Prinzip vertraut sein. Gute klinische Lehrbücher bilden dazu ebenso eine Grundlage wie eine praxisorientierte Aus- und Weiterbildung, in der der Umgang mit konkreten Fällen unter erfahrener Anleitung erlernt wird.

▶ Therapie ist letztlich als Hilfe zur Selbsthilfe zu verstehen (siehe Kanfer, Reinecker u. Schmelzer 1996). Dazu sind allerdings zumindest zwei Präzisierungen angebracht:

– Reine Selbsthilfe erscheint bei Zwangspatienten wenig zielführend (im Vergleich etwa zum Breich des Alkoholismus, der Eßstörungen oder auch bei allgemeinen Angststörungen). Ohne professionelle Hilfe finden Patienten kaum aus dem Dilemma ihrer bedrohlichen Angst und den damit verbundenen Ritualen heraus. Vor allem die Rituale (als aktive Vermeidungsstrategien) verhindern eine notwendige Auseinandersetzung mit der Angst und deren Bewältigung.

– Wenn auch Therapie jeweils nur so lange dauern sollte, wie unbedingt notwendig, ist die Dauer und Verteilung der Therapie bei Zwangspatienten durchaus differenziert zu beurteilen. Kurzzeittherapie (im Bereich von 20–30 Stunden) ist nur in wenigen Ausnahmefällen ausreichend. Dies hängt mit den notwendigen Übungen im häuslichen Setting zusammen, die einen entsprechenden zeitlichen Aufwand voraussetzen. Patienten benötigen auch *nach* einer erfolgreichen Therapie langfristig gesehen vielfach Unterstützung und Hilfestellung durch einige wenige Auffrischungssitzungen. Ein Patient drückte dies sinngemäß so aus: »Ich wußte zwar in den Jahren nach der Therapie, daß ich meine Rituale unterlassen sollte, und in der Regel habe ich dies auch geschafft; dennoch haben sich verschiedene Wasch-zwänge ganz langsam wieder eingeschlichen. Ich wollte in ein oder zwei Sitzungen mit Ihnen lediglich Unter-stützung dafür erhalten, meine Zwangsrituale wieder zu unterlassen.« Solche fallweisen Auffrischungskon-takte sollte man weder als therapeutische Rückfälle noch als Fehler des Therapeuten sehen. Sie erscheinen mir vielmehr ein Charakteristikum in der Arbeit mit Zwangspatienten zu sein.

► Therapeutische Übungen des Patienten im natür-lichen (häuslichen) Setting unter Anwesenheit des The-rapeuten sind unverzichtbar. Dies verlangt auch vom Therapeuten ein Verlassen des für ihn »sicheren« thera-peutischen Settings und damit verbunden entsprechen-de zeitliche Flexibilität. Diese Flexibilität wird zwar durch das gegenwärtige Versicherungs- und Abrech-nungssystem nicht gerade begünstigt, dies darf jedoch keinesfalls als Rechtfertigung für diese sachlich unver-zichtbaren Übungen dienen.

► Therapie mit Zwangspatienten ist mühsam, an-strengend und belastend. Dies hängt in hohem Maß auch mit der Problematik der Beziehungsgestaltung zu-sammen. Patienten schwanken (und zwar sehr kurzfri-stig) zwischen Wünschen nach extremer Bindung und Anhänglichkeit (»Sie sind meine letzte Chance«), ent-sprechender Verunsicherung (»ich weiß nicht, ob mir überhaupt noch zu helfen ist«) sowie einer zwischen-zeitlich aggressiv-feindseligen Haltung (»Sie können das doch überhaupt nicht verstehen ...!«). Damit zu-rechtzukommen verlangt nicht nur klinisches Wissen

115

und therapeutische Erfahrung, sondern auch eine zeitweilig enorme persönliche Belastbarkeit. Die in unserem Therapieprojekt unter enger Supervision arbeitenden Verhaltenstherapeuten (vgl. Lakatos 1995) haben allerdings nach eigenen Berichten aus dieser Arbeit für ihre persönliche und professionelle Entwicklung in höchstem Maß profitiert.

▶ Es kann und darf nicht meine Aufgabe sein, den von Frau S. verbreiteten Optimismus zu relativieren. Gerade in der Arbeit mit Zwangspatienten ist Optimismus unverzichtbar. Verhaltenstherapeutisches Vorgehen bietet eine wirkliche Chance, die es in optimaler Weise zu nutzen gilt.

Viele Patienten allerdings profitieren von Verhaltenstherapie nur in geringem und für sie selbst unbefriedigendem Maß. Es erscheint mir ein Reifezeichen der Verhaltenstherapie zu sein, gerade dieser Seite gebührende Beachtung zu schenken (siehe dazu die Tagung des Fachverbandes für Verhaltenstherapie in Berlin 1995). Mißerfolge sind eine Seite unseres therapeutischen Handelns: Sie halten uns die Grenzen therapeutischer Änderungsmöglichkeiten vor Augen, und sie lehren uns eine gewisse Bescheidenheit. Gerade für angehende Therapeutinnen und Therapeuten muß ein Aspekt ihrer professionellen Entwicklung darin bestehen, sich auch mit dieser Seite der therapeutischen Tätigkeit in fachlicher und persönlicher Weise auseinanderzusetzen.

▶ Therapie mit Zwangspatienten besteht nicht nur in der Therapie einer Zwangsstörung; es ist bekannt, daß Zwänge mit vielen anderen Störungen zusammenhängen. Zu nennen ist in erster Linie Depression, aber auch Angststörungen, soziale Schwierigkeiten, familiäre Probleme und anderes. (Der Begriff der »Komorbidität« scheint mir für diese Situation nicht besonders glücklich gewählt.) Im Laufe einer zumeist länger dauernden Therapie steht deshalb nicht nur die Zwangspathologie im Zentrum, sondern eben viele andere Schwierigkeiten. Relevant erscheint mir der Hinweis, daß bei der therapeutischen Zielbestimmung auf die Entwicklung und auf den Ausbau gesunder Alternativen geachtet wird. Die Reduktion der Zwangspathologie (gleich welcher Art) führt zu einem gewissen Vakuum im Denken und Verhalten des Patienten, das schrittweise durch sinnvolle, angenehme Denk- und Verhaltensmuster aufgefüllt werden sollte. Damit beinhaltet Therapie auch einen oft großen Schritt in der Entwicklung eines Menschen; Verhaltenstherapie bildet damit einen Schritt auf dem Weg in Richtung Freiheit und Selbstbestimmung.

Literatur

APA (American Psychiatric Association) (Hg.; 1987): Diagnostic and Statistical Manual of Mental Disorders, Third Edition Revised (DSM III-R). Washington, D.C.: American Psychiatric Press (dt. 1989, Beltz: Weinheim).

Balkom, A. J. L. M. v., Oppen, P. v., Vermeulen, A. W. A., Nauta, M. M. C., Vorst, H. C. M., Dyck, R. v. (1994): A meta analysis on the treatment of obsessive-compulsive disorder. A comparison of antidepressants, behavior and cognitive therapy. Clinical Psychology Review, 14, 359–381.

Esquirol, J. E. D. (1838): Des maladies mentales. Paris: Lafayette.

Foa, E. B., Kozak, M. J. (1986). Emotional processing of fear: Exposure to corrective information. Psychological Bulletin, 99, 20–35.

Hand, I. (1990): Verhaltenstherapie bei Angsterkrankungen. In: H.J. Möller (Hg.), Therapie psychiatrischer Erkrankungen. Stuttgart: Enke.

Hoffmann, N. (1990): Wenn Zwänge das Leben einengen. Mannheim: PAL-Verlag.

Kanfer, F. H., Reinecker, H., Schmelzer, D. (1996): Selbstmanagement-Therapie. Ein Lehrbuch für die klinische Praxis. 2. Aufl., Berlin: Springer.

Lakatos, A. (1995): Kognitive Therapie bei Zwangsstörungen: Eine kontrollierte Therapiestudie. Dissertation, Bamberg.

Lang, P. J. (1985): The cognitive psychophysiology of emotion: Fear and anxiety. In: A. H. Tuma, J. D. Maser (Hg.), Anxiety and the anxiety disorders. Hillsdale, N. J.: L. Erlbaum.

Marks, I. M. (1987): Fears, Phobias, and Rituals. Panic, Anxiety, and their Disorders. New York: Oxford University Press.

McAllister, W.R., McAllister, D. E. (1995): Two-factor theory: Implications for understanding anxiety-based clinical phenomena. In: W. O'Donohue, L. Krasner (Hg.), Theories of behavior therapy: Exploring behavior change. Washington, D. C.: American Psychological Association.

Mowrer, O. H. (1950): Learning theory and personality dynamics: Selected papers. New York: Ronald Press.

Rachman, S. J. (1980): Emotional processing. Behaviour Research and Therapy, 18, 51–60.

Rachman, S. J. Hodgson, R. J. (1980): Obsessions and compulsions. Englewood Cliffs, N. J.: Prentice-Hall.

Reinecker, H. S. (1994): Zwänge. Diagnose, Theorien und Behandlung. 2. überarb. Aufl.. Bern: H. Huber.

Salkovskis, P. M. (1989): Obsessions and compulsions. In: J. Scott, J. M. G. Williams, A. T. Beck (Hg.), Cognitive therapy in clinical practice. An illustrative casebook. London: Routledge.

_____ Liebe Leserin, lieber Leser,

sicherlich wird Sie dieses Buch genauso tief bewegen, wie es uns bewegt hat. Die Autorin gewährt ihren Lesern einen sehr intimen Einblick in ihre Lebens- und Krankengeschichte.

Doch trotz der Schwere ihres Leidens spürt der Leser deutlich: Diese Frau hadert nicht mit ihrem Schicksal, sie ergeht sich nicht in Anklagen oder Selbstmitleid. Ihr Wille und ihre Lebenskraft sind nicht gebrochen. Sie sucht vielmehr einen Sinn in ihrem Leben und will mit ihrem Beispiel Licht und Hoffnung in das Dunkel der Zwangserkrankten bringen.

Hier vereint sich die Absicht der Autorin mit den Zielen unserer noch jungen Initiative, der *Deutschen Gesellschaft Zwangserkrankungen e.V.* Entstanden in einer konzertierten Aktion von Betroffenen, Medizinern, Psychologen und anderen Fachleuten will die *Deutsche Gesellschaft Zwangserkrankungen* mithelfen, ein Bewußtsein für die Problematik der Zwangspatienten in weiten Teilen der Bevölkerung zu schaffen. Denn obwohl die Zwangsstörungen in der Bundesrepublik mit rund einer Millionen Erkrankten zu den häufigsten seelischen Störungen zählen, ist die Situation der Betroffenen hierzulande noch allzu oft durch Verheimlichung, Mißverständnis und Isolation gekennzeichnet. Sehr häufig gesellt sich auch Verzweiflung bei den Betroffenen hinzu, suchen sie doch oft vergeblich nach angemessener Hilfe und Unterstützung.

Dabei gibt es heute – mehr denn je – Hoffnung für die Zwangspatienten. Denn in nur wenigen Jahren hat die medizinisch-psychologische Forschung wichtige neue Erkenntnisse zum Verständnis und zur Behandlung von Zwangserkrankungen gebracht. Bereits heute kann durch eine Verhaltenstherapie sowie den Einsatz moderner Medikamente ein Großteil aller Patienten Heilung oder zumindest Besserung erfahren.

Diese neuen Erkenntnisse zur Diagnose und Therapie von Zwangsstörungen verbreiten zu helfen und möglichst allen Betroffenen zugute kommen zu lassen, ist eine wichtige Zielsetzung unserer Gesellschaft. Ebenso wollen wir den Betroffenen durch Austausch und Unterstützung in regionalen Selbsthilfegruppen Mut und Hilfe vermitteln.

In kurzer Zeit haben wir bereits einiges erreichen können – doch vieles bleibt noch zu tun. Schließlich gilt es, die Versäumnisse der vergangenen Jahre und Jahrzehnte aufzuholen und ein bundesweites Hilfsnetzwerk zu spinnen. Dazu brauchen wir auch Ihre Hilfe und Ihr aktives Mit-Tun!

Falls Sie sich über die *Deutsche Gesellschaft Zwangserkrankungen e.V.* informieren wollen oder unsere Unterstützung wünschen, schreiben Sie uns oder rufen Sie uns an. Unsere Adresse und Telefonnummer lauten: Deutsche Gesellschaft Zwangserkrankungen e.V., Postfach 1545, 49005 Osnabrück, Telefon (0541) 409-6633. Telefax (0541) 409-6635.

Die Autorin hat mir ihrem Buch ein Zeichen gesetzt. Sie hat es nicht nur verstanden, ihre Geschichte in einer einfachen und dennoch fesselnden Sprache zu schreiben. Es ist ihr auch gelungen, uns alle mit ihrem gelebten Beispiel zu bereichern und Zuversicht in unseren Alltag zu vermitteln.

Wir wünschen der Autorin, daß ihr Buch ein Bestseller wird – denn beide haben es verdient.

Deutsche Gesellschaft Zwangserkrankungen e.V.
für den Vorstand

Prof. Dr. med. Iver Hand   Wilfried Henseler

Wenn Sie weiterlesen möchten...

Ilsabe von Viebahn
Seelische Entwicklung und ihre Störungen
Ein psychoanalytischer Grundlehrgang

„Aus tiefenpsychologischen Fortbildungskursen für Lehrer, Erzieher und Sozialarbeiter ist dieser Band entstanden, der sich demnach an einen breiteren Leserkreis wendet und ausdrücklich zum Selbststudium anregt. Auf dem Boden der Psychoanalyse zeichnet die Autorin übersichtlich die Entwicklung zur psychischen Gesundheit wie andererseits zur neurotischen Gestörtheit von den jeweiligen Kindheitserlebnissen her. Klare Erläuterungen und einprägsame Formeln machen das Buch zur Einführung in die psychodynamische Betrachtungsweise sehr geeignet."

F. Braasch, Deutsches Ärzteblatt

Friedrich Beese
Was ist Psychotherapie?
Ein Leitfaden für Laien zur Information über ambulante und stationäre Psychotherapie

„Ohne Voraussetzung speziellen Wissens werden in leicht verständlicher Form die Grundbegriffe der Psychotherapie wie z.B. Motivation, Somatisierung, Psychogenese, Arbeitsbündnis und Grundregel erläutert, sowie die Durchführung und Verlauf der Therapie einschließlich Übertragungsphänomenen und evtl. Umweltreaktionen dargelegt."

Zeitschrift für Psychotherapie und medizinische Psychologie

Karl König
Kleine psychoanalytische Charakterkunde

Ein Buch für alle, die für ihr eigenes Verhalten und das ihrer Mitmenschen ein psychoanalytisches Verständnis suchen.

Karl König
Charakter und Verhalten im Alltag
Hinweise und Hilfen

Nach seinem Erfolgstitel „Kleine psychoanalytische Charakterkunde" hat Karl König die Umgangsweisen der verschiedenen Charaktere miteinander genauer betrachtet.
Jede Charakterstruktur hat natürlich – wir sind freie, selbstbestimmte Menschen – eine ganze Bandbreite von Möglichkeiten, wie sie auf die Anforderungen des Lebens und die Mitmenschen reagieren kann. Aber das Grundmuster setzt doch bestimmte Grenzen, und die sind dann nahezu unüberwindbar.
Im Miteinander der unterschiedlichen Charaktere entfaltet sich das bunte Leben in aller Vielfalt. Wenn man Königs Blick folgt und genau hinsieht, wird es erklärlich und sogar vorhersehbar.

Gerhard Ruhbach
Den Lebensrhythmus finden
Besinnungen

Dieser Band bietet dem Leser Rundfunkandachten
an, die in den letzten zehn Jahren im Westdeutschen
Rundfunk gehalten wurden. Sie wurden geringfügig
überarbeitet, aber nicht erweitert, damit der Gesamt-
eindruck erhalten bleibt.
Die Andachten wollen ermutigen und trösten, aber
auch auf das entscheidend Christliche hinweisen und
darin befestigen.

Udo Rauchfleisch
Menschen in psychosozialer Not
Beratung, Betreuung, Psychotherapie

Immer häufiger werden psychologische, psychiatrische und kirchliche Dienste mit Menschen konfron-
tiert, die unter gravierenden psychischen Störungen
leiden und zugleich in soziale Not (Wohnungs-,
Arbeits- und finanzielle Probleme) mit ihrer unheil-
vollen Eigendynamik verstrickt sind. Gerade für sie,
die dringend fachlicher Hilfe bedürfen, stehen jedoch
kaum angemessene Behandlungs- und Betreuungs-
konzepte zur Verfügung.
An vielen kasuistischen Beispielen stellt Udo Rauchfleisch die speziellen Bedürfnisse dieser Klienten-
gruppe und ein angemessenes therapeutisches
Vorgehen dar.

Alexander Schuller / Jutta Anna Kleber (Hg.)
Gier
Zur Anthropologie der Sucht

Gier ist der Wunsch nach mehr – nach mehr Leben, nach mehr als dem Vernünftigen, nach mehr als dem Leben.
Gibt es ein Recht des Menschen auf Ekstase und Rausch? – Die, die den Rausch am heftigsten suchen, finden ihn nicht. Sie verlieren die Fähigkeit zur Berauschung, je mehr sie in den Zirkel der Sucht geraten. Auf der Suche nach dem ekstatischen Rausch erreichen sie nicht die ersehnte Befreiung vom Maß, sondern abhängige Regression.
Die Autoren spüren entlang den Rändern der menschlichen Existenz dem Themenkomplex Ekstase – Rausch – Sucht nach und den dynamischen Widersprüchen der Gier. Es entstand ein Buch über die Erfahrung menschlicher Grenzen.

Reinhard Deichgräber
Von der Zeit, die mir gehört

Die Kunst, Zeit zu haben, das Glück des Augenblicks und die ruhigen großen Rhythmen des Lebens möchte dieses Buch helfen finden.
Es ist so geschrieben, daß man es gerade auch in seinen Ferien lesen kann. Die Übungen, die in einigen Kapiteln vorgestellt werden, zeigen, wie das Gelesene angeeignet sein möchte.

VANDENHOECK TRANSPARENT

32: Michael Pabel
**Drei Minuten über Gott
und die Welt**
Impulse und Besinnungen
1996. ISBN 3-525-01810-X

31: Margaret Lincoln
**Ich suche allerlanden
eine Stadt**
Stationen einer Pilgerreise
1996. ISBN 3-525-01807-X

**30: Harald Posininsky/
Cornelia Schaumburg**
**Schizophrenie – was ist
das?**
Eine Krankheit und ihre
Behandlungsmöglichkeiten
1996. ISBN 3-525-01722-7

29: Rudolf Köster
Das gute Gespräch
Gesunden und Wohlbefinden
im Dialog
1996. ISBN 3-525-01721-9

28: Leopold Rosenmayr
Altern im Lebenslauf
Soziale Position, Konflikt und
Liebe in den späten Jahren
1996. ISBN 3-525-01720-0

27: Christoph Schenk
Bewußtsein und Schlaf
Ein Brevier zur Entspannung
1996. ISBN 3-525-01719-7

26: Martin Koschorke
**Die Liebe in den Zeiten
der Wende**
Aufzeichnungen aus der
Eheberatung
1995. ISBN 3-525-01813-4

25: Heinz Günther Klatt
**Alle die Jahre – wo sind
sie hin?**
Erfahrungen mit dem Gedächtnis im Alter
1995. ISBN 3-525-01812-6

24: Sigrid Lichtenberger
**Als sei mein Zweifel
ein Weg**
Gebet-Gedichte
1995. ISBN 3-525-01811-8

23: Karl König
**Kleine Entwicklungs-
psychologie des
Erwachsenenalters**
1995. ISBN 3-525-01718-9

22: Harry Stroeken
**Tochter sein und Frau
werden**
Bericht von einer geglückten
Psychoanalyse
1995. ISBN 3-525-01717-0

21: Rainer Schönhammer
**Das Leiden am
Beifahren**
Frau und Männer auf dem Sitz
rechts
1995. ISBN 3-525-01716-2

je Band etwa 128 Seiten,
kartoniert

20: Reinhard Deichgräber
Ich freue mich, daß es mich gibt
Vom Umgang des Menschen mit sich selbst
1995. ISBN 3-525-01809-6

19: Christel Gottwals
Wie das Licht eines neuen Tages
Gedanken und Geschichten zum Besinnen
1995. ISBN 3-525-01808-8

18: Thomas Schleiff
Der Vogel mit dem Doktorhut
Vergnügt - besinnliche Tiergedichte
1995. ISBN 3-525-01806-1

17: Helmut Remmler
Das Geheimnis der Sphinx
Archetyp für Mann und Frau
2., überarb. Auflage 1995.
ISBN 3-525-01715-4

16: Regula Bott (Hg.)
Adoptierte suchen ihre Herkunft
1995. ISBN 3-525-01714-6

15: Udo Hahn
Sinn suchen – Sinn finden
Was ist Logotherapie?
1994. ISBN 3-525-01805-3

14: Wolfgang Wiedemann
Heilsame Erschütterung?
Besinnungen zu Gesundheit und Krankheit
1994. ISBN 3-525-01804-5

13: Peter Kutter
Liebe, Haß, Neid, Eifersucht
Eine Psychoanalyse der Leidenschaften
1994. ISBN 3-525-01713-8

12: Glenn T. Koppel
Wochenendlektüre: Träumen und Traumdeutung
1994. ISBN 3-525-01712-X

11: Harry Stroeken / Joop Smit
Biblische Schicksale in psychoanalytischem Blick
Aus dem Niederländischen von Dieter Maenner. 1994.
ISBN 3-525-01711-1

10: Konrad Jutzler
Aussicht auf Leben
Christliche Psalmen
1994. ISBN 3-525-01803-7

9: Elke Natorp-Husmann
Briefe einer Psychoanalytikerin
1994. ISBN 3-525-01705-7

8: Karl König
Reisen eines Psychoanalytikers
1994. ISBN 3-525-01704-9

je Band etwa 128 Seiten, kartoniert